JN039960

明治図書

教師の ONOFF 仕事術

川端 裕介［著］

まえがき

教師だからできる仕事術を模索する

本書は「教師だからできる仕事術」を紹介するものです。「教師でもできる仕事術」や「教師もした方がよい仕事術」ではありません。

昨今、教員の働き方に関する本が毎月のように出版されています。大型書店の教育書コーナーに行くと、教師の仕事術に関する本が数多く並んでいます。また、SNSでは教員系のアカウントで「生産性をアップして定時退勤」といったテーマで発信されている方を目にします。ビジネスの世界の仕事術のノウハウを学校に生かすという姿勢がうかがえます。仕事の効率化や生産性の向上は大切ですが、ビジネスのノウハウを生かすという点については、私の考えとは少し違います。

私は、**教師の働き方のヒントは教室の中にある**と考えます。教育技術を仕事術に生かすという発想です。教師として子どもに向けて発揮する理念と技術を、教員としての自分自身の働き方に応用します。本書の内容がテクニックの紹介だけに終わらないように、仕事観を含んだ仕事術として、仕事に対する私の考え方を示すようにしました。

仕事術を磨くことで、自分の働き方をマネジメントできるようになります。マネジメントというと、管理・統制という印象を受けるかもしれません。しかし、マネジメントには集団として成果を上げるための方法を開発するという意味があります。**手持ちの「武器」を使って、最大限の効果を生むために知恵を働かせて工夫することがマネジメントです。**

また、マネジメントはビジネス用語ですが、学校教育でもカリキュラム・マネジメントが重視されています。私たち教員は、普段は学級経営や教科経営というマネジメントを行っています。学級経営や教科経営を行うように、自分の仕事をマネジメントできるようにすることが大切だと考えます。

学校の働き方にも働き方改革にも課題がある

仕事術に教育技術を生かすという考えの根底には、学校の働き方における私の問題意識があります。現状の働き方はもちろん、いわゆる「働き方改革」の名の下で進められる変化に関する問題意識も含みます。それは、問いの形で表すと次のようになります。

・自分の幸せにつながるような働き方か
・自分だけではなく、家族、学校の子どもたちや同僚が幸せになるような働き方か
・教育書やSNSで発信される内容を理想だと思い込んで鵜呑みにしていないか
・自分の仕事の優先順位は、学校で同意を得られているか
・未来の自分も納得できるような働き方をしているか

働き方改革の方向性を間違えないためにはこれらの問いの答えを考えることが大切です。読者の方々は、これらの問いに対してどのように考えるでしょうか。

学校現場の働き方改革が声高に叫ばれる状況の中ですが、教員の仕事を続けることに不安や悩みを抱えている先生も、少なくないかもしれません。しかし、多忙な学校現場では、仕事術について学ぶ機会が限られます。先輩の技を盗む余裕はないでしょう。

そのせいか、教員の仕事術に関わってはビジネス書で紹介されるようなテクニックを使う例がよくみられます。しかし、ビジネス書のノウハウが正解とは限りません。学校は、良くも悪くも特殊です。**学校に合った仕事術の概念や方法**について考えるべきです。

みんなが幸せになる仕事術を探究する

本書で紹介する仕事術は、指導や支援などの教師としての技術を、教員としての業務全般に応用するという考えに基づいています。具体的なポイントは、五点あります。

一点目が、自分なりの基準で仕事を振り分けることです。仕事を「しなければいけないこと（必須）」「すべきこと（推奨）」「したいこと（希望）」の三つに分けて考えます。

二点目に、学校の仕事には削減（ＯＦＦ）できることがたくさんあります。もし、ＯＦＦすべき仕事を削減できないのであれば、取り組み方を変えましょう。仕事を素早くこなしたり、最低限度の出来で抑えたりするのも一つの手です。

三点目に、ＯＦＦすべき仕事がある一方で、教師として譲れない仕事があります。教師としての本質的な仕事や、個人としてこだわりたい仕事などです。信念をもって貫くべきことには、心のスイッチをＯＮにして全力で取り組みましょう。

四点目に、本書ではＯＮとＯＦＦの判断基準を提案します。「なぜＯＮする仕事と考えるのか」について説明することで、時短術のようなテクニックを紹介するだけで終わらないように心がけました。教科における「見方・考え方」のように、仕事に対する見方・考え方（仕事について考える時の視点や方法）を磨くことができるようにします。

最後の五点目は、子ども不在の仕事術にしないことです。「子どものために」を魔法の言葉にして仕事を増やすことには反対です。しかし、学校は子どもの幸せのために存在します。そこで、私は「先生のためにも子どものためにもなること」を大切にすべきだと考えます。**教員としての充実感を高めつつ、子どもたちの満足感も損なわないような働き方**があるはずです。幸せの形は人それぞれ違いますが、**みんなが幸せになるような仕事のあり方とやり方**を一緒に探究しましょう。

個別最適で協働的な働き方を実現する

本書を読む際に留意してほしいことがあります。本書の内容を鵜呑みにしないでください。なぜなら、私が接する子どもたちと、読者の方が接する子どもたちは違うからです。また、得意とする教育技術は人によって異なるからです。本書の内容から「面白い」と感じる部分を選び、職場や目の前の子どもに合わせることを勧めます。あるいは、「自分はそう思わない」という内容を見つけて批判的に活用することも期待しています。

学級経営では、子どもたちの実態に合わせて方針や方法を修正します。教科指導では、同じ教材でも学級の実態によって展開を変えます。同様に、仕事もアレンジが大切です。

私は、本書の内容が先生方の仕事術のスタンダード（標準）になるのではなく、**仕事術のベース（基準）**になることを願っています。例えば、学習評価の一つにルーブリックがありますが、ルーブリックの基準は複数の教員で相談しながら決めるのが一般的です。客観性が増すからです。仕事のONとOFFの基準についても、本書をたたき台としてアレンジを加えたり職場の同僚と相談したりすることで、納得できる仕事が増えるはずです。

二〇二一年一月の中教審答申「『令和の日本型学校教育』の構築を目指して」では、個別最適な学びと協働的な学びを一体的に充実させることが示されました。学校には個別最適な学びに加えて、「**個別最適な働き方**」が必要です。そして、一人一人が最適な働き方をすることでチームとしてのパフォーマンスが高まり、「**協働的な働き方**」ができるようになるはずです。先生方が最適な働き方を模索する上で、本書で紹介するON／OFFの仕事術が役に立ち、学校に関わる人たちすべての幸せにつながることを願っています。

二〇二一年十一月

川端　裕介

もくじ

第2章 場面別ON/OFF仕事術

学級経営

もくじ

授業づくり

もくじ

研究・研修

第1章

仕事の
ON/OFF
を決める10の発想

1　生産性と時短術のワナを知る

❶教育における生産性のあいまいさ

「教育の生産性」という言葉がありますが、生産性とは経済学の概念の一つです。生産性は、次の二つの視点から捉えることができます。

- ・同じ労力や時間でどれだけの成果を生み出すか
- ・一定の成果をどれだけ少ない時間や労力で生み出すか

前者は、定時退勤の励行や業務の削減が該当します。後者は、時短術や業務の効率化のノウハウが当てはまります。教職員の多忙化が社会問題化し、働き方改革が叫ばれる今、「教育の生産性」の向上や、その手段としての時短術は不可避に思えます。しかし、生産性の向上の前に、立ち止まって考えるべきことがあります。それは、次の問いです。

そもそも「生産性の高い教育活動」とは、いったいどのようなものなのでしょうか。教育の成果を客観的に測定する尺度が、果たして存在するのでしょうか。私は、教育活動の多くは、成果を客観的には測定できないと考えます。その理由は二点あります。

一点目は、学力を巡る論争でもよく言われることですが、教育の成果とは数値や量で測定し難いものだからです。何をもって教育の成果とするか、判断しかねます。

二点目に、何をもって教師の成果とするか、判断が難しいからです。それは、教育が他者を育てる行為であることに起因します。例えば、子どもがテストで満点を取ったとします。しかし、満点の要因を分析しようとすると、学校での指導の他、家庭や塾での指導、子どもの自主的な努力、テストの難度など、様々な要因が考えられます。教師の指導と子どもの成果の間に、因果関係を見出すのは難しそうです。成果を的確に測ることができない以上、**時短術を使うことで成果が減り、結果的に生産性を低下させるおそれがあります。**

そもそも、製造業などの分野では生産性が重要ですが、学校は工場ではありません。工場的な生産性の概念を学校に持ち込むのは、教育の本質にも時代にも逆行しています。

以上の理由から、私は安易に「教育の生産性」や「学校の先生の生産性アップ」といった発想をするべきではないと考えます。「生産性のある医療」に不安を感じたり、「生産性の高い芸術作品」に違和感を抱いたりするのと同じような感覚かと思います。

❷「効率と公正」を意識する

生産性に関わって、中学校社会科の学習指導要領では、「現代社会の見方・考え方」の一つとして「効率と公正」という語句が示されています。次のような概念です。

・効率…社会全体で無駄を省き、より少ない資源でより大きな成果を得ること
・公正…合意に至る過程と結果において正しい内容や方法と納得できること

社会における課題を解決するためには、効率だけでは上手くいきません。効率と公正の両面に注目して、合意を目指すことが大切です。**生産性という効率のみを追求すれば、公正な手続きや公正な結果にはなりません**。社会の構成員（学校の場合は教職員や子ども、保護者）の納得や同意を得るのは難しくなります。学校における生産性や時短術についても「コスパ」だけに注目するのは一面的です。公正かどうかについて検討する必要があります。学校は利益を生む場ではなく、人を育てる場であることを忘れてはいけません。

2 「個性」を出すことのワナを知る

❶個性の発揮には二つの課題がある

教師の仕事は、総合職（ゼネラリスト）としての幅広さと、専門職（スペシャリスト）としての奥深さの双方が求められます。特に専門職としての授業や学級経営では、得意分野を生かして個性を発揮することが大切です。学校長のリーダーシップの下で個々の持ち味を発揮することで、組織として学校が動き出します。

しかし、実際の現場では一人の先生が個性的な実践をしようとすると、職場での孤立や対立を生む場合があります。その原因として、次の二つのことが考えられます。

- 個人の問題として、個性的な実践をする条件を満たしていない
- 組織の問題として、そろえることと任せることの基準が不明瞭である

一点目に挙げた個性的な実践をする条件とは、他者が再現できること、持続可能なこと、情報の共有（いわゆる報連相）ができていること、学校としての合意の上で行うことなどがあります。これらの条件を満たしていないと、身勝手で独断専行をしていると捉えられてしまいます。やりたいことをするためには、事前の準備が大切です。

二点目に、**そろえることと任せることの基準が学年や学校であいまい**だと、先生方の間で不満がたまり、対立の火種となりかねません。この基準については、特別活動における当番と係活動の違いの考えを生かすと、わかりやすいでしょう。

・当番…学級や学校のために全員で分担し、交代しながら行う活動
・係活動…生活を楽しく豊かにするために、創意工夫しながら自主的に取り組む活動

学級活動においては、当番はどの学級もそろえるべきです。しかし、係活動は学級ごとの子どもたちの創意工夫によって行われるので、他の学級とそろえることはできません。係と当番の違いは、私たち教師がどこまで学校や学年でそろえるべきかという判断基準として活用できます。子どもの安全や学校の信頼に関わるようなことは、学校としてそろえ

ます。例えば、生活のきまりや、評価・評定に関することが該当します。
その一方で、学校をよりよくするための工夫については、そろえるべきではありません。例えば、学習指導や学級活動は、先生方の持ち味を発揮できるようにすべきです。

❷温泉のような教室と職員室を目指す

私が学級担任をしていた時に目指していたのは「温泉のような学級」です。安全と安心が確保された中で、子どもたちがゆったりと過ごしながら伸び伸びと持ち味を出せるようにしてほしかったからです。

最近は、**職員室を含めて学校全体を温泉のようにゆったりと過ごせる場にしたい**と考えています。何でもそろえようとするのは苦しいですし、無理に個性を出すのも疲れます。基準に合わせようとせず、逆に基準から進んではみ出ようともせず、常に基準自体を見直すことが大切です。過去の成功例は大切ですが、今学校にいる子どもたちに対して、教師集団としてできることを考えながら、学校としての目標に向かって、どこまでをそろえ、何を任せるか、対話を通して探りたいものです。そして、自由な裁量を任された場所で、個性を発揮して創意工夫を図りましょう。そうすると、学校は楽しく豊かになります。

3 「違い」ではなく「得意」を出す

❶言い訳としての個性をＯＦＦする

私たちの中には、人と違う功績を残したいという願望があるかもしれません。経験年数に関係なく、専門性を生かした個性的な実践をしたいという気持ちは、よくわかります。

しかし、**言い訳としての「個性」になっていないか、省みるべきです**。学級担任をしていると、子どもたちから「このクラスは個性的だよね」「みんな個性が強すぎる」という言葉を聞くことがあります。この場合の「個性」は、単に学級にまとまりがない状態を指しています。好き勝手にしているのを「個性」とごまかしているだけと言えます。そういう状態だと、楽に過ごせて居心地をよく感じる子どもが多いでしょうが、よりよい学級をつくろうとしている子どもにとっては、居心地の悪い学級になります。

教師の場合も同じです。個性と言いながら好き勝手にふるまうだけでは、学校全体にプラスとなりません。同僚や子どもが苦しむことになります。

❷協働で得意を生かす

好き勝手にふるまうような言い訳としての「個性」ではなく、学校にとってプラスとなるような個性を発揮するためには、どうすればよいでしょうか。私は、**個性や違いよりも、得意なことを生かす**べきだと考えます。いわゆる協働の考え方です。

協働とは社会科の地方自治などで用いられる概念です。市民や行政、企業など単独の立場だけでは解決が難しい課題に対して、足りない部分を補い合ったり、協力して新しいものを生み出したりするという考えです。

協働の考え方は、学校での働き方に生かせます。例えば、次のような方法です。

- 学級通信づくりの得意な先生のレイアウトを共有する
- 職員室の整理整頓の上手な先生からコツを聞いて教室で実行する
- 朝や放課後の交通安全指導を町内会の高齢者の方にお願いする
- 部活動で地域に住む専門家の方に指導をお願いする

最初の二点は校内での得意分野の生かし方であり、後半の二点は校外の人材活用の方法です。それぞれの得意なことを発揮すれば、一つの学級に留まらずに学校としての個性的な実践ができるようになります。出る杭は打たれるのかもしれませんが、**出る杭を学校全体のものにしてしまえば、学校は杭で支えられ、揺るがない強さをもちます。**

❸得意な人がつぶれないようにする

協働を進める上で、十分に気を付けるべきことが一つあります。それは、特定の誰かに負担が偏らないようにすることです。例えば、コンピューターに詳しそうという理由でＩＣＴの担当でもないのに相談を受けたり、分掌上の位置づけがないのに習字が得意だからといって表彰状の記入を頼んだりするような例です。仕事を押し付けることになります。

得意分野のある人に負担が増えて、業務に押しつぶされないように配慮する必要があります。対策としては、学校としては業務を校務分掌にきちんと位置づけて、負担過多にならないようにすることが必要です。また、臨時に個人的に力を借りる時は、きちんと対価を示すことが大切です。具体的には、代わりにできる仕事を引き受けたり、後になって恩返しをしたりしましょう。ギブアンドテイクの発想です。

4 敵をつくらず味方をつくる

❶裁量の大きさが敵をつくる

どのような職場でも、意見の相違から対立が生まれたり、相性が合わなくて同僚とぎこちない関係になったりすることはあるでしょう。学校も同じです。特に、学校は実態として、個々の教員に大きな裁量が認められています。学級経営は昔から学級王国と揶揄されることがありますし、教科指導も千差万別です。指導観や児童生徒観を含めて、根本としての教育観に違いがあるために、対立や反発が生まれやすくなります。

したがって、自分が信じる指導法を他の先生に強要すれば、結果的に不満や反発が高まります。何でもトップダウンで決めたり、誰かのスタイルに学級経営や教科指導を合わせたりしても、上手くはいきません。

このような事態を避けるために、社会科の「現代社会の見方・考え方」の一つである**「対立と合意」を生かす**のが効果的です。対立と合意とは、次のような概念です。

・対立とは、集団に所属する人の間で生じている問題などを指す
・合意とは、対立が生じた場合に、共存や互いの利益のために決定した内容や手続きを妥当と判断し、納得することである

対立している状態を未然に防ぐ方法もありますが、先生方は教育のプロとしての誇りやこだわりをもっています。そのため、急に新しいことを取り入れようとしたり、ある基準に合わせようとしたりすると、上手くいかないことが多いと思います。だからこそ、対立と合意の見方・考え方を働かせて、合意を目指して対話を続ける姿勢が大切です。

合意を目指すためのコツは二つです。一つは、心配な点を出し合うことです。例えば、ICTの活用を推進しようとした時に、心配なことを遠慮せずにどんどんと出します。それらの心配な点への対策を一つずつ考えることで、活用への不安が減ります。

もう一つのコツは、本来のねらいに立ち返ることです。ICTであれば、個別最適な学びや協働的な学びの実現に向けた大きな武器になることを確認します。要点を絞って対話を重ねることで、納得の上で合意ができます。それができると、敵が味方に変わります。

❷評価の視点が味方をつくる

仕事を進める上での味方をつくる方法として、前項で述べた職員間での合意を目指すことの他に、評価の視点をもつこともお勧めです。もちろん、子どもを評価するような姿勢で同僚に接するわけではありません。それは失礼ですし、敵を増やすことになります。ポイントは、他者の実践に対する観察眼です。**子どもに対して「良いところ見つけ」をするような気持ちで同僚の実践を観察する**と、学ぶことが一気に増えます。

例えば、私は学級通信に力を入れ、たくさんの工夫をしているつもりでした。しかし、おごらないように自分を戒めて、同僚の学級通信を見せてもらったり、授業の前後で教室にいる時にこっそりと読んだりしていました。良い所がないか、常に探っていました。そうすると、記事の企画や文章の表現、写真の構図など様々な点で自分の通信とは異なる良さが見つかるものです。良い部分は積極的に取り入れ、その際には参考にさせてもらった先生に「学級通信のあの企画、面白いですね！　まねさせてください」と伝えました。

以上のように、評価する意識をもつことで私自身の指導技術が向上するとともに、同僚との関係が良好になります。的確に評価されて、うれしくない人はいないのです。

5　安心と安全を最優先にする

❶安全を確保して安心につなげる

前述したように、学校現場において生産性や時短術を追求することには課題があります。しかし、学校現場は多忙を極め、業務の精選が不可欠です。それでは、仕事のどの部分を〝ON〟して、どの部分を〝OFF〟すべきなのでしょうか。

最優先でONする（力を入れる）べきなのは、安全と安心を保障することです。子どもたちの命を預かって育てる立場として、絶対に手を抜くわけにはいきません。どれだけ創意工夫のある教育実践を積み重ねようと、子どもの生命や人権を軽視するようなことがあれば、学校としては致命的です。実践の派手さを求め、悪い意味でのパフォーマンスに走って子どもを苦しめるようなことがないように、十分に配慮しましょう。

❷リスクを減らして危機を回避する

子どもの安全を確保して、安心につなげるためには、リスクマネジメントとクライシスマネジメントの発想が大切です。それぞれ、次のような考え方です。

- リスクマネジメント…危機を発生させないように管理すること
- クライシスマネジメント…危機の発生を想定しながら、危機が発生した場合に的確に対応し、平常の状態に復旧するように管理すること

クライシスマネジメントを含めて広義のリスクマネジメントと捉える考え方もあります。いずれにせよ、**予防としての内容と、問題発生時を想定した内容を分けて考える**ことが大切です。留意すべきは、リスクマネジメントとクライシスマネジメントに軽重の差はないということです。特に学校では、失敗をしないように予防が重視されるきらいがあります。どれだけ準備をしても、大小様々な問題が起きるのが学校です。万全の準備の上で、緊急事態が発生したら、収束を目指して冷静かつ迅速に動くことが大切です。

例えば、いじめであれば、リスクマネジメントは各学級に支持的風土を醸成するために特別活動に力を入れたり、他者の権利や生命を尊重するために道徳教育を充実させたりす

る方法が考えられます。また、いじめ対策として組織を整備したり、いじめが発生した時の行動をフローチャート化したりすることもリスクマネジメントです。

しかし、いくら対策を練って予防に努めても、残念ながらいじめが発生することがあります。その時には、クライシスマネジメントの考えに沿って行動します。ポイントは、対処と対応の両方の視点から次のように危機管理を図ることです。

①いじめへの対処…いじめの状況を改善するために、方針とゴールを決め、ゴールに至るまでの様々な手段を教員間で確認する
②いじめへの対応…①の対処の方針に沿って、子ども及び保護者に実際に働きかけ、反応に合わせながら、用意した選択肢に基づいて次の対処の方法を考える

このように、対処と対応を繰り返しながら着地点を探ります。リスクマネジメントとクライシスマネジメントが不十分だと子どもの安全が脅かされ、不安を招き、結果的に信頼を失います。挽回は難しいでしょう。だからこそ、**万全の対策を練り、もし危機が発生したら、どんな仕事よりも最優先で対処と対応に当たらなければいけません。**

6　must should want に分ける

❶仕事のON／OFFの基準をつくる

教師の仕事の内、子どもの安全と安心を保障する内容については、最優先にする必要があります。しかし、それ以外にもたくさんの仕事があります。すべてに全力投球していれば、体が悲鳴を上げてしまいます。ワーク・ライフ・バランスの観点から、自分で仕事を精選したり、力の入れ具合や時間のかけ方を調整したりすることが望まれます。そのためには、仕事を仕分けるための自分なりの基準を設けることが大切です。

ただし、自分なりの基準をもっていたとしても、校内で割り振られた仕事や決められている仕事はたくさんあり、断るのが難しい場合もあります。働き方改革を推進し、校内のすべての教職員の業務を見直すのが理想ですが、一人の力では限界があります。時間もかかるかもしれません。そこで、自分で決めた基準に沿って仕事をONする（優先し、注力する）か、それともOFFする（優先順位を下げ、省力化する）か、判断をしましょう。

❷仕事を必須・推奨・希望に仕分ける

仕事のON／OFFの基準として私が勧めるのは、必須、推奨、希望の三つに分類することです。英語でイメージすると、must・should・wantの三つの単語が当てはまると思います。次のような基準です。

①必須（must）…教師として必須の仕事。作成義務のあることや、学校体制として決まっている仕事。
②推奨（should）…子どもや同僚のためにすべき仕事。また、校内で力を入れる方針となっている仕事。
③希望（want）…自分のための仕事。個人的に研修を進めたいテーマや、こだわりをもって力を入れたい仕事。

この三つの基準は、それぞれ目的が違います。次のページの表のように整理できます。

必須（must）は、学校としてそろえなければいけないと判断できる仕事です。学校とし

仕事の基準		目的
must	必須	学校にとってマイナスを生まないため
should	推奨	学校にとってのプラスを生むため
want	希望	自分にとってのプラスを生むため

表　仕事を分ける基準とそれぞれの目的

ての損失を防いだり、何からの損失を挽回したりするために、必須の仕事として取り組みます。

推奨（should）は、学校として重点を置いていると判断できる仕事です。学校や学年、子どもにとってプラスとなることに、チームの一員として取り組み、価値を生み出そうとします。

希望（want）は、自分にとってプラスになる、価値があると判断できる仕事です。教科指導や生徒指導、学級経営などの多様な業務の中から「教師としての力量を高めたい」「教師としての強みにしたい」と判断している分野の仕事です。かつては、業務としての位置付けがあいまいなものですが、部活動を挙げる人もいたかもしれません。逆に最近であれば、ＩＣＴの活用を挙げる人がいるかもしれません。wantは、結果的には学校や子どもにとってプラスとなる場合がありますが、第一の目的は自分のためです。

この**三つの基準をもつと、混然としていた業務の見え方が変わります**。そして、仕事の質に応じてＯＮ／ＯＦＦを調整しましょう。

7 mustな仕事はルーティン化する

❶「いずれやるなら」でも「いずれやるから」でもよい

教職員としての必須の仕事とは、事故発生時の対応や教育相談のように、重要なものだけではありません。例えば、様式に合わせて文書を作成したり、人事評価シートを書いたりすることは、必須の仕事です。学級担任であれば、指導要録の所見を書くことが必須の仕事になります。また、多くの研修は自主的に行うものですが、中には初任段階研修のように必ず参加しなければいけないものがあります。「これって本当に必要なのか?」と内心思うようなことでも、法規上の理由や学校としての規則上、必ずしなければいけない仕事があるものです。

もちろん、長い目で見れば必須の仕事を削減したり効率化したりすることが求められます。しかし、そのような思いをぐっと飲みこんで、目の前の仕事に取り掛からざるを得ない時があります。必須の仕事をこなす際には、次の二つの考え方と方法があります。

①いずれしなければいけない仕事だから、早く済ませて抱える仕事を減らす
②いずれしなければいけない仕事だから、後に回して時間のある時に済ます

一般的な仕事術の本であれば、①を推奨するかもしれません。しかし、教師の仕事の場合は、仕事が早い人に他の仕事が回ってくる場合があります。そのこと自体が問題ですが、私も経験があります。また、教師の仕事は多岐にわたる分、時期によって抱える業務の質と量が大きく変わります。だからこそ、早く済ませるだけが正解とは言えません。

私の場合は、**質を高めたい仕事（should や want の仕事）が重なる時には、must の仕事をあえて後回しにする**ことがあります。必須の仕事の多くは、締め切りが事前に決まっているはずです。例えば定期テストの作成などは、実施日の何週間も前に済ませる必要はありません。校内の締め切りに間に合えばよいのです。時期や自分の仕事の状況に応じて、必須の仕事をいつ進めるか、大まかな予定を組むとよいでしょう。

❷負担感をなくすためにルーティン化する

必須の仕事を進める際に負担感をなくすためには、**ルーティン化（習慣化・手続き化）すること**を勧めます。次の四点を事前に決めると、ルーティン化しやすいでしょう。

- 内容を絞る
- 時間を決める
- 行動の手順を決める
- ＮＧルートからの復帰方法を決める

特に大切なのは、**ＮＧルートからの復帰方法**です。例えば、「木曜日の放課後は最初に学級用の時間割を作る」というルーティンのはずが、職員室でつい雑談をしてしまう場合です。その場合は、教室に場所を変えて作業するなど、想定される（または経験した）ＮＧな行動と復帰のアイデアを決めましょう。また、慣れない内はルーティン通りにできたか○や×で記録を取る方法も勧めます。ルーティンが当たり前になると、無意識に、自然と仕事をこなせるようになります。must な仕事には、質の差がほとんどありません。だからこそ、ルーティン化することで負担感をもたずに素早くこなしましょう。

8　shouldな仕事はつなげて合理化する

❶「すべき」が多いと中途半端になる

推奨（should）は、学校として力を入れていて「子どものためにすべきだ」と考えられている仕事です。最新の教育動向に合わせた内容（例えばＩＣＴの活用）や、学校経営方針の重点に沿った内容（例えば不登校対策）、校内研究のテーマに関連する内容（例えば学習評価の工夫）など、教職員の間で一定の合意がされている仕事のことです。チームとして一丸となって取り組むことで、本来であれば高い教育効果を生み出すはずです。

しかし、課題が三点あります。一点目は、学校として重点化すべきこと自体が多岐にわたるため、教職員間の意識の差が出ることです。優先順位があいまいな場合があります。

二点目は、「すべき」というのは価値判断を含むため、異なる価値観をもつと対立や意識のずれが生じることです。「校長先生はそう言うけど、がんばりたくないなあ」と内心で感じる職員がいるかもしれません。**「すべき」は、別の「すべき」とぶつかります。**

最後の三点目は、仮に重点化すべきという意識があっても、実際には日々の仕事に追われて重点化しきれないことです。「大事なのはわかっているけど無理」という状態です。以上のように、多様さと多忙さが原因で、学校として推奨される仕事が徹底できていない場合があります。目指すゴールが多すぎると、すべてが中途半端になってしまいます。

❷仕事をつなげる

これらの課題を克服するためには、仕事の優先順位を明確にしつつ、教職員の考えの相違を超えて、負担の少ない方法で仕事を進める必要があります。解決が困難に見えますが、コツがあります。それは次のように**「仕事をつなげる」ことで合理化する方法です**。

> ①学校外の人材とつなげることで負担を軽減できないか検討する
> ②仕事の内容を組み合わせてつなげることで負担を軽減できないか検討する

例えば、ＩＣＴ活用と不登校対策と学習評価の三点が学校として推奨すべき仕事だとします。この三つをバラバラに推進しようとすると、上手くいきません。そこで、仕事を

「つなげる」方法を考えます。①の方法の場合、例えば不登校対策であれば、外部の関係機関がたくさんあります。しかし、関係機関の種類が多すぎて、個々の教員だと把握できていない場合もあります。関係機関のリストを一枚の表にまとめたり、子どもの状況に応じて連携しやすい機関をフローチャート化して共有したりしましょう。

②の方法の場合であれば、学習評価の工夫と不登校になりづらい環境づくりを組み合わせます。家庭学習計画表を作り変えて、学習の自己調整ができるように支援することで、学習への無力感をもたないようにすることを目指すといった方法です。

以上のように、仕事と人をつなげたり、ある仕事を別の仕事とつなげたりすることで、should な仕事の効果を維持しつつ、負担を減らすことができます。単純な削減ではなく、効果的な連携を模索することが、本当の意味での効率的な働き方です。

なお、should な仕事をつなげる際には、留意点が一点あります。それは、つながらない仕事もあるということです。つなげることができるかどうかは、仕事のねらいによります。先ほどの例であれば、ＩＣＴ活用・不登校対策・学習評価の三点は、個別最適な学びの実現というねらいでつなげることができます。**日々の仕事に追われていると、個々の仕事のねらいを見失いがちですが、「何のためにするのか」という視点は大切です。**

9 wantな仕事は「そうぞう」する

❶したいことを想像して創造する

教師の仕事を必須（must）、推奨（should）、希望（want）の三つに分類した時、私たちが最もやりがいを感じることができるのは、wantの仕事です。**希望を叶えることが、教師としての自己実現につながります**。また、結果的に学校にとってもプラスとなります。

目指す教師像に近づき、理想とするような学級や授業をつくるためには、wantの仕事に軸足を置くことが大切です。そのためには、三つのコツがあります。

・必須の仕事と推奨の仕事に支障がないようにする
・必須の仕事と推奨の仕事に圧迫されないようにする
・自分がしたいことを想像して創造する

一点目に、学校として必須や推奨される仕事を妨げないことです。この点に気をつけないと、ただのわがままになります。自分の好きなことを貫いて、みんなも幸せにするという意識をもちましょう。

二点目は、must や should の仕事に追われて、余裕がない状況を避けることです。簡単なことではありませんが、must の仕事をルーティン化したり、should の仕事を代替したりしましょう。工夫を重ねて自由にできる時間を生み出します。

三点目は、自分のしたいことを探したり生み出したりすることです。その時に役立つのが**「もし」を使って想像しながら自問自答する**ことです。「もし三年後に、教師としての自分の強みを聞かれたら、何と答えたいか」や「もし校長になって先生方に力を入れてほしいことを一つだけ決めるなら、何にするか」というような問いを立てて、自分なりの答えを考えましょう。自分の好きなことや楽しいことから、力を入れたい仕事が見えてくるはずです。「忙しすぎて、教師としての将来なんて見えない」という人こそ、わくわくするような未来を想像して、働く原動力にしましょう。場合によっては、新しいオリジナルの仕事を創造することがあるかもしれません。例えば、私の場合は「学級活動と連動した教室環境づくり」や「指導技術を生かした仕事術」などを想像し、創造しました。

❷教師こそ自立した学習者になる

希望（want）の仕事を進めることは、教師としての自信をもち、自立するための鍵です。必須（must）の仕事や推奨（should）の仕事と比べると、仕事の性質が違います。

必須の仕事は「決まっているからしなければいけない」という意味で、他者に依存している他律的なものです。また、推奨の仕事は「この仕事はした方が良い」という自分の判断が含まれるものの、判断基準は他者が定めたものです。自律・他律の両面があります。

一方、希望（want）の仕事は、何が大切かを自分で判断し、実行します。価値判断の基準は、自分の中にあります。学校や他の教職員、子どもたちの状況を理解した上で、自分の目指す教師としてのゴールへ向かいます。力を入れたいことを決め、あきらめずに、夢中になって取り組みます。そうすることで、**教師自身が「自立した学習者」になることができます。「自立した教師」と言ってもよい**かもしれません。

そして、前向きな姿勢は伝播します。力を入れることに決めた理由を他者に広めたり、仕事の成果を学校に還元したりすることで、学校全体にとってもプラスとなります。want の仕事に打ち込んで、他の先生方や子どもたちのロールモデルとなりましょう。

10　指導技術と仕事術をつなげる

❶指導技術を仕事術に転移させる

ここまで、仕事のＯＮとＯＦＦを決めるための考え方について述べてきましたが、読者の方は「そうは言っても、忙しすぎて全部ＯＮにしないといけない…」という感想をおもちかもしれません。学校は、確かに忙しいです。しかし、仕事術のヒントは学校の中にあります。なぜなら、教師には総合的かつ多様な資質・能力が求められるからです。私たちが「教師」として子どもたちと向き合う中に、「教員」として働くためのヒントがあります。無数の指導技術の中から、転移可能な方法を見定め、仕事術につなげましょう。また、教師として子どもに向き合う時のあり方を、教員として業務に向き合う時の姿勢に生かしましょう。

指導技術を仕事術に生かすのは、そう難しいことではありません。例えば、前項では希望（want）の仕事を想像（創造）するために、「もし…ならば」と考えるという方法を紹介しました。これは、社会科の発問スキルを活用しています。社会科では特定の立場から考察を促すために、「もし～ならば」という設定の発問をすることがあります。「もしあなたがコンビニのエリアマネージャーなら、この地図のどこに出店するか」や「もしあなたがイコモスのメンバーで世界遺産を評価するなら、北海道・北東北の縄文遺跡群をどのように評価するか」などです。

また、「教師こそ自立した学習者になる」という発想は、学習指導要領の主体的に学習に取り組む態度や、ＯＥＣＤのラーニングコンパス２０３０のコンピテンシーに沿ったものです。学習における「あり方」を仕事に対する「あり方」に生かそうとする発想です。

業務の改善のために、ビジネス系の書籍を読み漁るのも一つの手ですが、ビジネスと教育では目的や仕組みが違います。したがって、ビジネス界では通用することが、学校現場では上手くいかない場合が多々あります。

そこで、ビジネスの世界ではなく、教室に目を向けて働き方のヒントを探しましょう。子どもに対して無意識に行ってきた技を、自分の業務改善のために意識的に使うという発想です。そのような発想になることで、仕事の負担は少なく、成果は多く、満足度は高くという状態を実現できます。**教師だからこそできる仕事術のヒントは、教室にあります。**

❷自分の業務をマネジメントする

学校に勤めていると、子どもたちがある場面で学んだことを、別の場面に生かす姿を目にします。例えば、合唱コンクールの練習を通してリーダー性を発揮した子どもが、学級会で積極的に発言するといった例です。学習面でいえば、英語の学習で話す時に視線や表情、抑揚を意識した経験が、社会科のプレゼンテーションの場面で生かされることがあります。子どもたちは、学んだことを他の場面に生かそうとします。そして私たちも、教科横断的に資質・能力の育成を考えます。カリキュラム・マネジメントの考え方です。

私たちの仕事も同じです。**カリキュラム・マネジメントの考え方を、教職員の業務のマネジメントに生かしましょう。**教科指導で磨いた技術は、職員室で業務を進める時に役立ちます。学級会を効果的に機能させるために子どもに助言した運営のコツは、職員会議や学年・校務分掌の会議を機能させる上でも有効です。多忙な中で実践を続けて磨いてきた指導技術を、生かさない手はありません。業務を改善する切り札になるはずです。

教師の仕事は多忙で、制度的な課題があります。しかし、制度の変化を待たずとも、学びのための技を働くために生かすことで、自分の働き方を改善できます。

❸仕事の中から共通点を探してつなげる

教師の指導技術は多岐にわたります。その中から、どの仕事に対してどのように生かすのかを見つけるのは難しく感じるかもしれません。コツは、**業務の中から教育活動につながる要素がないか、比較して共通点を見つけて別の仕事をつなげる**ことです。

例えば、職員会議で薬物乱用防止教室の提案をすると仮定しましょう。最初に、実施日や職員会議の日から逆算してスケジュールを立てる必要があります。逆算して計画を立てるというのは、テスト前の家庭学習計画づくりに似ています。そこで、家庭学習の指導のノウハウを生かすことができるはずです。また、薬物乱用防止教室を有意義なものにするためには、ねらいを明確にする必要があります。さらに、そのねらいを分掌のメンバーや各担任、講師と共有することが大切です。ねらいの精査や共有化には、学習指導の技術を生かせるはずです。私たちは普段の授業で、ねらいの内容や文言、提示のタイミングなどを工夫しているからです。

私たちは多忙だからこそ、様々な経験をしています。個々の経験をばらばらなままに放置せずに、つなげるように意識しましょう。仕事の質が変わるはずです。

第2章

場面別
ON/OFF
仕事術

1 新年度準備

ON

「安心と安全づくり」を最優先する

○ 学校経営や学年経営方針から共有すべきビジョンを確認する

○ 児童生徒の情報は、教員だからできる見方を働かせて、多面的・多角的に整理をする

OFF

「出会いの後でもできること」に時間を割かない

× 春休みの内に、時間をかけて次年度のクラス全員の顔と名前を暗記しない

× お迎えの黒板アートや、最初から華美な教室環境をつくらない

ON 「安心と安全づくり」を最優先する

①ビジョンを共有して皆の安心につなげる

新年度準備というと、こまごまとした物の作成に追われることが多いと思います。まずは、校内や学年で決まっているもので十分です。学級独自のものは、新学期が始まってから子どもたちと一緒に考えて増やせばよいのです。足し算は後からいくらでもできます。

新年度準備で最も大切なのは、情報の収集です。私の場合は、学校経営方針と指導要録をチェックします。学校経営方針については、**学校長が考えるビジョンを、子どもや保護者に説明できるようにします**。なぜ多忙な新年度にのんびりと学校経営方針を読むのかというと、ブレないことが安心を生むからです。学校経営方針に沿った学級経営をすることで、担任として安心と自信をもって実践ができます。また、子どもや保護者、同僚に対して「この先生は好き勝手なことをしているわけではない」ということが伝わります。

②多面的・多角的に引継ぎ情報を整理する

新年度にもう一つ優先すべきことは、子どもの情報を確認することです。情報と言っても、顔と名前を覚えることではありません。指導要録をはじめとして、個々の子どもに関する資料を確認します。しかし、文字の情報をなんとなく読むだけでは、子どもの姿を的確には捉えることができません。そこで使えるのが、学習指導でおなじみの**多面的・多角的な思考方法**です。多面的・多角的とは、次のように定義できます。

> 多面的…対象の複数の側面や、それぞれの面の関係性に着目すること
> 多角的…視点や立場を変えたり、視座や視野を変えたりすること

例えば、指導要録を使ってある子どもの各教科の評定を見るだけで、数学が得意な一方で社会が苦手など、子どもの姿を多面的に捉えることができます。また、複数の年度の所見を読み比べて、ある特定の年度にだけ見られる説明を「虫の目」で捉えたり、どの年度にも共通する説明を「鳥の目」で捉えたりすると、多角的に考えることができます。

指導要録は表現に制約があるが故に、参考にしない場合が多いかもしれません。しかし、客観性や正確性が保証された公文書なので、活用しない手はありません。また、所見を書いた経験があれば、表現の裏に隠れた思いを汲み取ることもできるでしょう。口頭や文書での引継ぎの情報と合わせると、子どもの学習歴や学校での特徴を総合的に理解できます。

「出会いの後でもできること」に時間を割かない

「黄金の三日間」という言葉がある通り、子どもとの出会いは肝心です。しかし、最初からあれもこれもしようとすると、エネルギーがもちません。がんばりすぎずに、子どもに教員としての弱い部分を見せながら、一緒にがんばっていけばよいのです。

例えば、私は若い時には担任する子どもの名前を事前に覚えていました。出席番号順に言えるか何度も繰り返し、顔写真がある場合は、顔と名前が一致するようにしていました。

しかし、そこまでして事前に顔を覚える目的は何なのでしょうか。子どもとの出会いの場面で名前をそらんじたとしても、子どもたちは驚きこそすれ、担任への信頼が高まるわけではありません。中学生くらいなら、冷めた目で見る子どももいるかもしれません。

今の私は最初にほめたり、感心したりした時に名前を覚えるようにしています。**名簿にきっかけとなったエピソードをメモしておく**と、その後も様々な場面で活用できます。

また、初日に黒板アートを描く先生もいますが、勧めません。子どもは「絵の上手な先生だなあ」などと感じるだけでしょう。担任と子どもとの間に確かな絆があるからこそ、黒板アートで感動が生まれるわけです。学校行事や学級じまいまで、とっておきましょう。

2 学級開き

ON

「安心」を生み、学級の「芯」を表明する

○ 学級経営で一番大切にしたいことや、一年後の学級のゴールを伝える

○ 学級通信の第一号を活用して、子どもと保護者の不安を解消する

OFF

エネルギーを浪費しない

× いきなりアイスブレイクをするなど、心理的な負担の大きい活動は避ける

× 学級のきまりやしくみの細かな説明はしない

「安心」を生み、学級の「芯」を表明する

①あそびがあって温泉のような学級を目指す

学級開きで最優先したいのは、一人一人の子どもに安心を届けることです。そのために、出会いの日という絶好の機会を逃さずに、学級の「芯」となる考えを伝えるようにしましょう。その後に、時間が許せば皆が笑顔になる活動を行います。

入学や進級直後、子どもたちは多かれ少なかれ不安を抱いています。子どもの不安を安心に変えるためには、出会いの場面が重要です。次のような流れを勧めます。

最初に、**学級の「芯」となる考えを端的に示して安心につなげましょう**。私の場合、目指すのは**「あそびがあって温泉のような学級」**であると伝えます。「あそび」とは余白と遊びの二つの意味を含みます。温泉は、リラックスして自分を出せる場所のたとえです。

学級経営の方針を伝えた後に、心理的な負担の少ないミニレクや、短時間の自己紹介を入れるとよいでしょう。私は自己紹介の裏技として、自己紹介で話すことの例を教室の後ろに掲示します。「皆の方を見るのが恥ずかしかったら、後ろを見ましょう。ほら、カンニングペーパー。これを見れば顔が上がるし、その写真を学級通信に載せれば、立派に自

己紹介した証拠になります」と話すと、子どもたちはにこりとします。裏技は効果的です。

②学級通信を活用する

学級開きの際には、学級通信を活用することを勧めます。学級通信を使う良さには、**事前に考えをまとめるので言い残しがなくなる点**や、**保護者に学級経営方針が伝わる点**があります。

私の場合は、学級開きの冒頭で子どもの顔が上がったのを確認してから、「私が一番伝えたいことを話します。あそびがあって温泉のような学級を目指しましょう。詳しくは学級通信にまとめました」と話し、第一号を配布します。学級通信を使うと、目指す学級の姿を子どもと共有しやすくなります。

2019年4月9日（火）　函館市立亀田中学校　3年1組　学級通信「花が咲く」　第1号

仲間とつながり　夢へとつなぐ

花が咲く

第1号
函館市立亀田中学校
発行　3年1組学級担任　川端裕介

3年1組学級目標
（まもなく決定）

本物の仲間と歩む
将来の可能性を広げて

中学校生活、そして義務教育の最後の一年間が始まりました。一組で目指すのは、仲間と協力しながら、将来の夢の実現につながる力を身につけることです。卒業の日に「最高の一年だった」と思えるように、皆で歩き出しましょう。

三年一組三十五名の皆さん、一年間よろしくお願いします。この学級通信を読んでいる今、皆さんの心には、新しい学級への期待だけではなく、不安があるかもしれません。その気持ち、よくわかります。

私の最初の目標は、皆さんの不安を取り除き、教室にいるとほっとできるような学級をつくることです。**「あそびがあって温泉のような学級」**を、皆さんと一緒につくりたいと考えています。温泉のようにリラックスしながら、心に余裕をもって何かに夢中になることができる、そんな学級を目指しましょう。

そのような学級になるためには、一組が本物の仲間の集まりになることが重要です。**本物の仲間とは、学級の誰もが誰とでも、様々な場面で協力できる関係を意味します。一組の全員が、本物の仲間としてつながることを**目指しましょう。

また、「協力」というと学校行事を連想する人が多いかもしれません。しかし、目指すのは特別な行事はもちろん、普段の学校生活から協力し合える学級です。特に、学習について協力できる集団を目指しましょう。学習面で助け合うことは、受験勉強を進める上でも大切なことです。

校長先生は、私たち教職員に対して「子どもの出口を広げること」が教育の使命であると話しています。この一年間で、皆さんには**夢を意識し、その実現につながる力を身につけてほしい**と考えます。

目標は、**仲間とつながり、夢へつなげる一年にすることです。共に笑い合い、助け合い、学び合いましょう。**

秘めた力をいざ開花！
タイトル「花が咲く」に込めた思い

三年一組の学級通信のタイトルは「花が咲く」です。この言葉に込めたのは、義務教育のまとめの一年であることを自覚し、皆さんが秘めた力を開花してほしいという願いです。

私は、皆さんが一年生の時の学級通信の題を「根っこ」としました。中学校生活の基礎を身につけてほしかったからです。二年生では「葉っぱ」でした。様々なことに挑戦するという期待を込めました。

そして、三年生になった今年度は「花が咲く」です。これまでの経験を糧にして、成長の姿を見せてほしいと思います。一組の教室を、満開の桜や美しい花畑のような素敵な空間にするために、一緒に前へと進んでいきましょう。

学級通信の第１号では，目指す学級の姿を明記して学級開きの武器にする。

エネルギーを浪費しない

学級開きでは、後からでもできることに時間と労力を割かないようにします。例えば、いきなりアイスブレイクをしても効果は期待できません。不安な状態では、楽しさは半減します。子どもたちの不安は、担任や学級のメンバーのことがわからない点に起因します。不安な状態でアイスブレイクをしても、参加のハードルが高く、場が凍りつくだけです。

また、学級のルールやシステムなどについては、細かな説明を避けましょう。細かいことを周知しようとするほどに、学級の芯となるビジョンへの意識が薄まってしまいます。子どもたちは具体的な事項の中のごく一部しか頭に残りません。また、説明や確認のための時間がかかり、説明する担任も聞いている子どもたちも疲れるだけです。

学級開きで学級のルールを話す時には、安全と安心のため、生命の危険や人権の侵害になるような言動は許されないなど、大原則だけを示せば十分です。学級開きの時は、担任も子どもたちも身構えています。緊張感がある状態だからこそ、考えを伝えやすい面がありますが、がんばりすぎて数日でエネルギーが切れてしまう子どももいます。安心を最優先にして、目指す学級の姿を共通理解することに力を注ぎましょう。

3 教室環境

ON

教室環境は子どもとともにつくる

○担任の願いと子どもの願いを掛け合わせて最適な環境づくりをする
○定期的に教室環境を見直す
○教室外へ環境整備の様子を発信する

OFF

風化するだけの掲示物は飾らない

×子どもや保護者に意図を説明できないような無計画の教室環境
×いつまでも変わらない掲示物
×見栄えのしない掲示物

教室環境は子どもとともにつくる

①「教師の願い×子どもの願い＝教室」という発想をもつ

誰にとっても百点満点の自宅や部屋が存在しないように、教室環境に正解はありません。しかし、その学級にとって最善で最適な形はあります。そして、**教室環境の最適解を導き出す権利は、学級の子どもたちにあります**。子どもと対話し、子ども同士の議論の場をつくりながら、それぞれの願いを掛け合わせて最高の居場所をつくり上げましょう。

教室環境は、次の三つの手順を意識しましょう。良い意味で皆を巻き込むようにします。

①教室環境に関する担任の考えを示す
②子どもの声を聞いて教室環境を改善する
③保護者や他の教職員、他の学級の子どもへ発信する

まず学級開きの段階で、教室環境の意図を示しましょう。「どの学級も同じ掲示をしている」などという説明では、子どもは納得しません。「なぜ」をしっかりと説明しましょう。

次に、定期的に掲示物や物の配置を見直しましょう。私の場合は整備係を窓口にして、子どもから要望や改善策を集約し、年に三回ほど「**教室ビフォーアフタープロジェクト**」と名付けて模様替えをしていました。子どもに当事者性をもたせる効果がありました。

そして、教室環境の状態を学級通信でこまめに発信しましょう。掲示物特集を組んだり、学級活動と合わせて教室の各コーナーを紹介したりしましょう。保護者の理解が得られるようになります。

同様に、他の学級の担任や子どもに対しても、教室環境の様子を発信します。広めたい工夫については、他の教員に事前に確認した上で廊下に面した掲示板を利用すると効果的です。

②学活と連動させて教室環境をつくる

学活の時間に行ったことを掲示物として生かすようにすると、教室環境を計画的かつ効率的に整備できます。そして、教室を眺めれば、生徒が学びを振り返ることができるようになります。

下の作品は、節分に合わせた企画で、誘惑に流される心を「鬼」に見立て、退治する方法を考えたものです。自己の生活

の課題と改善策を楽しく考えることができます。ワークシートは、掲示することを意識してデザインしています。このように、学級活動と教室環境づくりを連動させましょう。

風化するだけの掲示物は飾らない

①掲示物は風化する

日々、子どもも学級も成長していきます。それなのに、教室の中にいつまでも同じ物だけを飾り続けると見飽きてしまいます。劣化して剥がれかけている掲示物は、学級の雰囲気に悪影響を与えるおそれがあります。

学級掲示は教室環境を大きく左右します。子どもが自身や仲間の成長を振り返り、今の到達点を可視化できるように、掲示物も成長させましょう。

②思い出を風化させない

風化させないためには、掲示物の入れ替えだけではなく、継ぎ足しも効果的です。私は教室後方に、四月から順に麻紐とクリップで写真を掲示します。子どもたちの輝く場面を厳選して飾るため、自分や学級の仲間の足跡を振り返ることができます。子どもたちに人気の高いコーナーです。

4 学級目標

ON

学校・学級・子どもをつなぐスローガンをつくる

○ 学校の経営方針や担任の学級経営方針と子どもの願いを掛け合わせて学級目標をつくる

○ 心に残りやすいスローガン型の学級目標をつくり、掲示物を工夫する

OFF

「決めて終わり」の目標ならいらない

× その場で思いついただけの目標をだらだらと書かない

× 学級目標、行事の目標、個人目標などをバラバラにしない

ON 学校・学級・子どもをつなぐスローガンをつくる

①皆の願いをつなげてスローガンにする

学級目標は学級のゴールであり、学級の芯になるものです。様々な決め方がありますが、私は短いスローガン型の学級目標にする方法を勧めます。「学校教育目標─学級経営方針─子どもたちの合意によるスローガン─個人目標」というように、個々の目標や方針をつなげましょう。

私の場合は学級開きの翌日に下のようなプリントを配布し、学級スローガンづくりを始めます。学校の経営方針と担任の願いを説明した上で、一人一人の子どもから意見を集め、第一回の学級会で学級スローガンを決めます。このような手続きを踏む

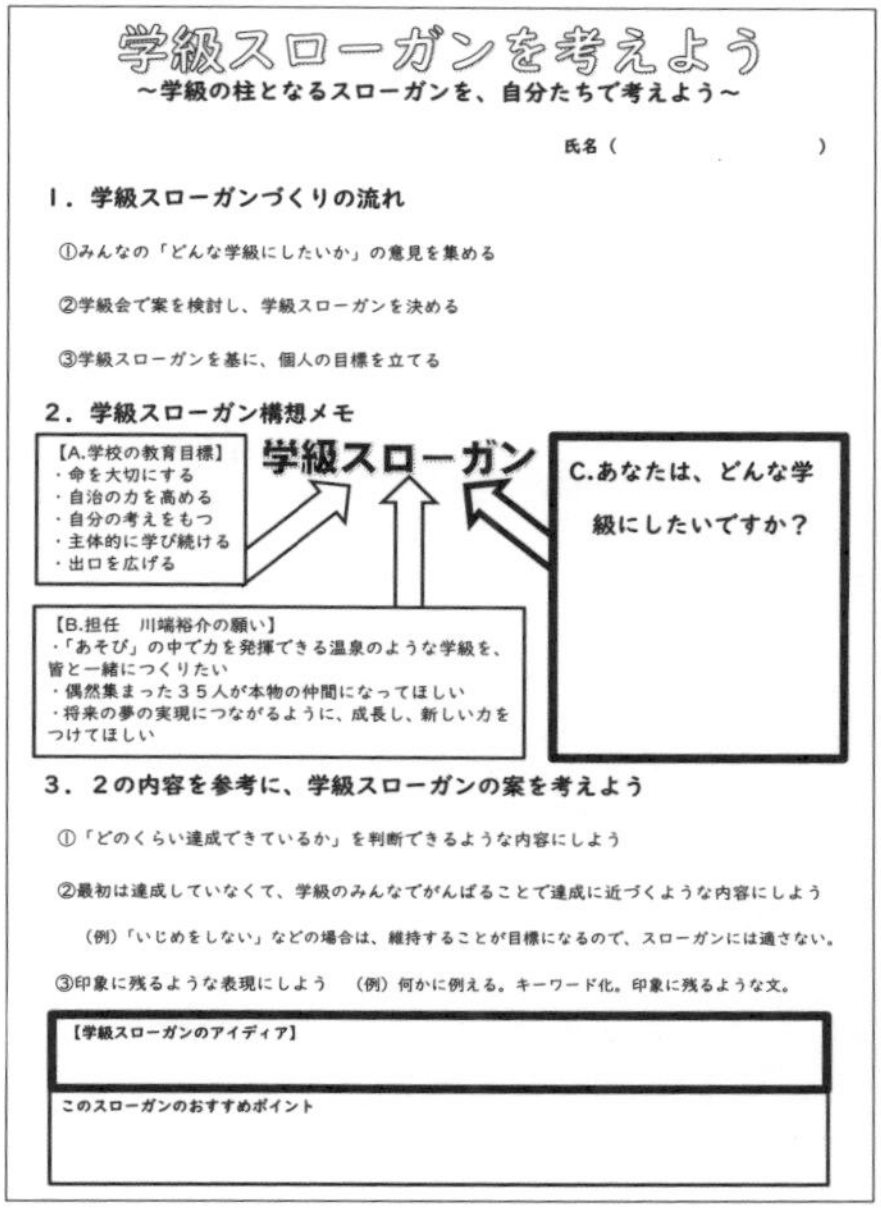
学級スローガンを考えよう
～学級の柱となるスローガンを、自分たちで考えよう～

氏名（　　　　　　　　）

１．学級スローガンづくりの流れ

①みんなの「どんな学級にしたいか」の意見を集める

②学級会で案を検討し、学級スローガンを決める

③学級スローガンを基に、個人の目標を立てる

２．学級スローガン構想メモ

学級スローガン

【A.学校の教育目標】
・命を大切にする
・自治の力を高める
・自分の考えをもつ
・主体的に学び続ける
・出口を広げる

【B.担任　川端裕介の願い】
・「あそび」の中で力を発揮できる温泉のような学級を、皆と一緒につくりたい
・偶然集まった３５人が本物の仲間になってほしい
・将来の夢の実現につながるように、成長し、新しい力をつけてほしい

C.あなたは、どんな学級にしたいですか？

３．２の内容を参考に、学級スローガンの案を考えよう

①「どのくらい達成できているか」を判断できるような内容にしよう

②最初は達成していなくて、学級のみんなでがんばることで達成に近づくような内容にしよう

（例）「いじめをしない」などの場合は、維持することが目標になるので、スローガンには適さない。

③印象に残るような表現にしよう　（例）何かに例える。キーワード化。印象に残るような文。

【学級スローガンのアイディア】

このスローガンのおすすめポイント

ことで、新年度が始まってすぐに、目指すべき学級の姿を共有できます。

②学級目標を素敵な掲示物にする

学級目標は皆の願いをつなげた大切なものなので、見映えのする掲示物にしましょう。

掲示物にする時もスローガン型だとデザインの工夫をしやすくなります。

下は、学級スローガン「Pizza」の掲示物です。様々な具材が一つの生地とソースでまとまり、皆に感動を与えて愛されるピザのように、様々な個性をもった学級の仲間が一つの目的のために力を合わせるという意味です。また、ピザパーティーの時のように、教室をリラックスして楽しい空間にするという意味も込めています。

掲示物は文字を発泡スチロールで立体的にして目立つようにし、ピーマンやサラミの油もペンではなく画用紙で作るなど、こだわりが随所に見られます。六名の生徒で効率的に作業し、わずか二時間で完成させました。短時間で質の高い、学級の「顔」ができました。

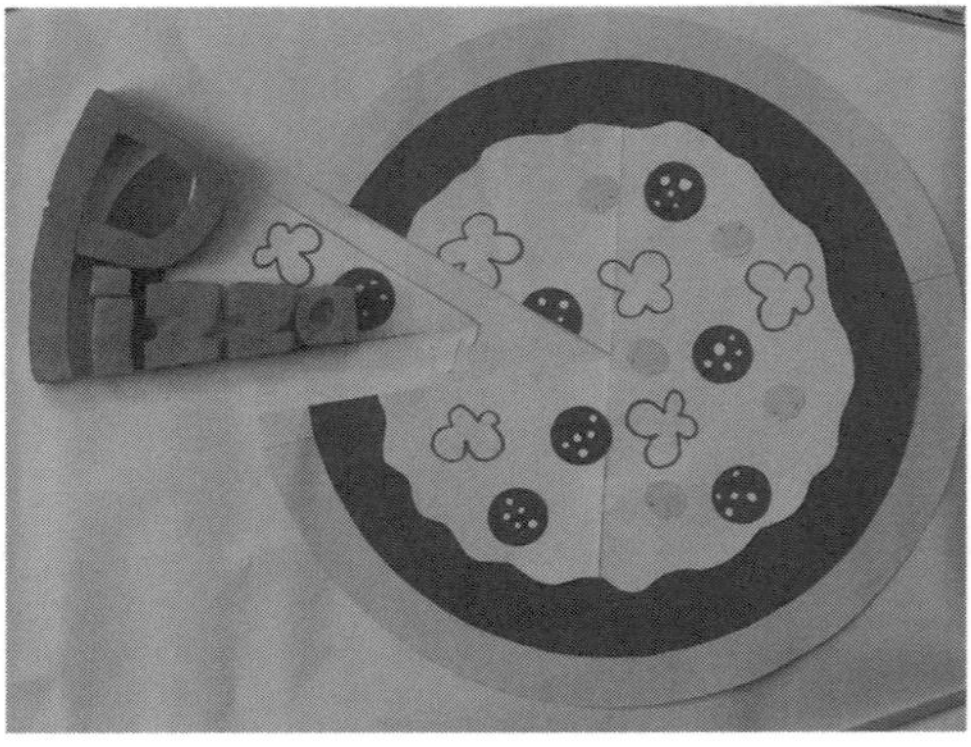

「決めて終わり」の目標ならいらない

①目標を覚えることもなく忘れる

学校では、学級目標を始めとして個人目標や学校行事の目標、家庭学習の目標など、様々な目標を決めさせます。しかし、その**目標の多くは決めて終わりになり、忘れるどころか覚えることさえないのではないでしょうか**。目標を軽視する姿勢を育ててしまいます。

内容と方法の両面で問題があると、目標が定着しません。その場で思い付いた内容を目標にしてはいけません。学校生活全体のゴールをイメージし、他の目標とつながるようにします。そして、長いと頭に入らないので、覚えやすい表現まで磨き上げましょう。

②対話で目標を決めて継続して取り上げる

学級目標を定着させる方法として、まずは決める時の手続きを間違えないことです。担任のトップダウンでもなければ、特定の子どもの意見だけで決めるボトムアップでもなく、対話によって合意形成を図りましょう。そうすると、子どもたちが目標に愛着をもちます。

そして、担任からの話や学級通信の中で意図的に学級目標（学級スローガン）を取り上げたり、学校行事の目標は学級目標と連動させたりしましょう。反復が定着を生みます。

5 朝の会・帰りの会

ON

毎日の活動は短く焦点化する

◯ 重要な情報と学級としての重点の共有だけを行う

◯ メリハリをつけて週末には話し合いの機会を設ける

OFF

「見ればわかる連絡」はしない

× 集中力と参加意欲を削ぐような事務連絡をしない

× 時間と空間を共有しなくてもできる連絡をしない

毎日の活動は短く焦点化する

①内容を絞って必要感を高める

朝の会や帰りの会は、なぜ行うのでしょうか。惰性で行っても、だらけた雰囲気になるだけです。私は子どもたちに二つの目的があると話します。一つは**重要な情報の共有**で、もう一つが**学級としての重点の共有**です。情報の共有については、情報過多だと大事なことはかえって伝わりません。そこで、桂聖氏らの**「授業のユニバーサルデザイン」の考えを朝の会や帰りの会に取り入れます。特に、焦点化と視覚化の発想を生かしましょう。**具体的には、事務的な連絡は口頭ではなく文字にして、教室の決まった場所に記入します。例えば、各教科の持ち物やテストの連絡であれば、下のように教科別の連絡ボードを用意します。連絡の視覚化です。そして、帰りの会の教科連絡では、普段と違う持ち物など、特に重要なことだけを係の子どもが連絡します。この場合の焦点化とは、伝達する情報を厳選する工夫を指します。

また、朝の会や帰りの会での「先生からの話」も、本当に大切なことだけ

に絞りましょう。事務的な連絡はホワイトボードに書くか、ＩＣＴを活用してクラウド上のカレンダーや掲示板に書き込むだけで十分です。言葉で説明することは絞りましょう。例えば、朝の会で「先生の話は三つあります」は多すぎです。一つで十分です。

②聞く姿勢と話し合いは徹底する

朝の会と帰り会で話す内容を精選すると、話をする時間と聞く時間はかなり減ります。その分、集中して話したり聞いたりすることを徹底します。聞く場面については、仲間が話している時は視線を向けて、反応しながら聞くことを徹底しましょう。最初の頃はやり直しの指導が必要かもしれません。

また、話すことについては、私の場合は週末の帰りの会のみ時間を五分長くして、一週間を振り返って話し合う場面を設定します。班ごとに学級の様子で気になることを一つ挙げ、翌週に学級として力を入れるべき点を決定します。このように**メリハリをつけることで、朝の会や帰りの会に集中して参加しながら、大切な情報を共有できます**。

「見ればわかる連絡」はしない

①書いていることの読み上げは逆効果

朝の会や帰りの会で、読めばわかる事務的な連絡を口頭で伝えることはやめましょう。子どもたちの集中力が低下して、大切なことを聞き漏らすおそれがあります。また、朝・帰りの会が連絡の読み上げばかりになれば、つまらなく感じて参加意欲が低下します。時間と空間を共有するまでもないことを、わざわざ行う必要はありません。

②朝の会に感動的なスピーチは生まれづらい

朝の会で、日直がスピーチをする場面を目にします。しかし、私は勧めません。なぜなら、**朝の会の目的とずれるからです**。朝の会の目的は重要な情報の共有であって、スピーチの力を磨くことではありません。職員室の朝の打ち合わせで順番にスピーチすることがないのと同じです。連絡だけで終わってもよいのです。

もし、朝や帰りの会で工夫をするなら、スピーチではなく仲間と交流を深める活動を勧めます。例えば、下の資料のようにに日直の振るサイコロの目に応じてペアなどで会話やゲームをします。六つの内容は係の子どもが考えます。スピーチだと一分が長く感じますが、この活動ではあっという間に時間が過ぎます。「朝や帰りの会は短く、濃く」が基本です。

1分間トーク&ゲーム

- ⚀ 学校の話
- ⚁ 学校以外の話（テレビ・ゲーム・ネット・音楽…）
- ⚂ ４人でしりとり
- ⚃ カタカナのみでしりとり
- ⚄ in English（英語フリートーク）
- ⚅ ４人で指スマ

6 当番活動と係活動

ON

係と当番の働き方改革をする

○ 当番活動は視覚化をすることで手順を確認しやすくして、作業の効率化を図る

○ 係活動は事前の計画づくりに力を入れ、作業は短時間で集中して行う

OFF

子どもの時間と判断力を奪う活動はしない

× 掃除当番の反省のような形骸化しやすい活動は行わない

× 一人一係のような必要性の低い活動を新設しない

係と当番の働き方改革をする

①係活動と当番活動を分ける

当番活動と係活動では、そのねらいと位置づけが異なります。小学校の学習指導要領解説（特別活動編）を見ると、当番活動については、「清掃などの当番活動については、当番活動の役割と働くことの意義の理解を図るための指導を学級活動で行うもの」という説明があり、係活動については「係活動は、学級の児童が学級内の仕事を分担処理し、児童の力で学級生活を楽しく豊かにすることをねらいとしている」（引用は『小学校学習指導要領（平成29年告示）解説　特別活動編』）とあります。私は次のように解釈しています。

・当番活動は、学校として行う must な仕事
・係活動は、よりよい学級にするために行う should や want な仕事

小学校だけではなく、中学校でも係と当番の違いを理解することが大切です。その上で、どちらも子ども（と担任）の負担を減らしながら、内容を充実させましょう。

②視覚化で効率化する

給食や清掃の当番はルーティーン化したいところですが、子どもは担当が回ってくるまで数週間の間隔が空きます。そうすると、手順を忘れていても仕方ありません。

そこで、視覚化することを勧めます。例えば、給食当番の手順や食缶の配置などを、写真と文字を組み合わせて教室に掲示すると、誰でもてきぱきと準備できます。具体的な掲示物については拙著『豊富な実例ですべてがわかる！中学校生徒とつくる365日の教室環境』（明治図書出版、二〇二〇年）で紹介しています。

③段取りのひと手間をかける

係活動については充実させたいという思いが、活動を長時間化させるおそれがあります。しかし、学活の時間は限られますし、放課後の時間をあまり使いたくはありません。そこで「係の働き方改革」をテーマにして短時間で質の高い作品に仕上げるように工夫します。

効率的に作業する秘密は、**事前の計画と役割分担**にあります。例えば、六六頁で紹介した学級目標の掲示物は、六名の係が二時間で完成させました。デザインは学級活動の一環として公募し、投票で決めました。作業工程と分担、必要な材料は掲示物作成チームが事前に決めました。準備と計画を丁寧に進めることで時間を減らし、仕事の質は向上します。

OFF 子どもの時間と判断力を奪う活動はしない

①子どもの時間を奪わない

係でも当番でも、子どもが自由に使えるはずの時間をできる限り奪わないように工夫をしましょう。係であれば、前述したような「係の働き方改革」を勧めます。

当番活動も同じです。私は掃除の反省をしません。反省点が限られるので形骸化するからです。代わりに、がんばった点をホテルの清掃カードのように紙に書かせて掃除箱に掲示します。掃除の時間を短縮でき、当番以外の子どもたちに当番のがんばりが伝わります。

②判断力を奪うような係をつくらない

学級内の一人一係（当番）として、教室の電気を消す係やカーテンの開け閉めをする係、プリントを配る係などを目にすることがあります。その仕事は、本当に必要でしょうか。

プリントは教員が配った方が確実に速いと思います。電気は教室を最後に出る人が消せばよいでしょうし、カーテンは気付いた人が閉めればよいだけです。子どもたちの判断力を育てる機会を奪っていないでしょうか。**ルーティーン化するような活動は本当に必要なことのみに限定しないと、思考停止に陥ってしまいます。無駄な仕事を増やすだけです。**

7 学級会

ON

教師のいらない学級会にする

○ 学級会の前に打ち合わせを綿密に行い、本番は子どもに任せる

○ 写真や学級通信を使って振り返りをして、自治の力を育む

OFF

議論と進行に口を挟まない

× 担任がすぐに介入する学級会

× 「ぶっつけ本番」のような放任する学級会

教師のいらない学級会にする

①自治的活動にこだわる

学級会は、子どもによる自治的な活動の中核を担うものです。学級会の形式は様々ですし、クラス会議を実施する場合もあるでしょう。いずれの場合も、**子どもたちに一定の自治を保障する**ことが大切です。担任としての責務を放棄して、完全な自治を認めるわけではありません。将来、子どもが所属する集団で自治ができるように芽を育みます。

学級会では、事前に議長団と相談して進行案を作ります。また、提案者の子どもとは提案が効果的に伝わるように打ち合わせます。そして、学級会の間は子どもに任せて見守ります。若松俊介氏の言葉※1を借りると、学級会で目指すのは「教師のいらない」状態です。

②本番までの準備で子どもを支える

学級会を始めとした自治的活動では、子どもたちの力で課題解決の方向性を見出し、合意形成を図るために、「集団や社会の形成者としての見方・考え方」を鍛えることが大切です。例えば、学級の問題を捉える際に、虫の目（分析的）、鳥の目（俯瞰的）、魚の目（流動的）と視野を変えるように促しましょう。

下の写真は、私が担任をしていた学級での学級会の様子です。議長団が会の最初に議題と提案理由、討議の柱を確認します。参加者は提案内容の一覧を見ながら議論に参加します。議長団は、手元に進行表をもっています。進行表の内容は事前に担任を交えた打ち合わせで作成します。その事前の準備によって、学級会で議論が停滞したり、逆に紛糾したりした場合に、担任が介入せずに子どもたちの力で解決することができます。

③振り返りに注力する

学級会の進行中に担任が発言することは、基本的にはありません。学級会が空転して議長団ではどうしようもない場合などは「議事の進行中にすみません。議長、発言してよいですか」と断ってから発言します。子どもの立場を尊重します。

介入を自制する分、私は写真を撮りながら気になった場面をメモします。そして、学級会の終了後に、撮影した画像を見せながら議事の進行で良かった点と、議論の中で注目すべき発言について評価します。そして、学級通信に学級会の様子を掲載し、保護者にも内容が伝わるようにします。**担任は、事前のサポートと事後のフォローに注力しましょう。**

OFF 議論と進行に口を挟まない

①子どもの自信を奪わない

学級会では、担任の我慢が大切です。**むやみに介入し、子どもの自信を奪ってはいけません。**下の写真は、第一回学級会での黒板記録です。写真の撮り方が悪くて文字が見づらいと思いますが、学級目標について、良いと考える案を上に、理由を下に書いています。記録の方法と例を事前に伝えると、初めて係を務めた子でも、構造的にまとめることができます。

②ぶっつけ本番は避ける

十分な準備をせずに学級会をすると、進行が停滞して重苦しい雰囲気になります。準備によって防げる失敗は、回避するように工夫しましょう。

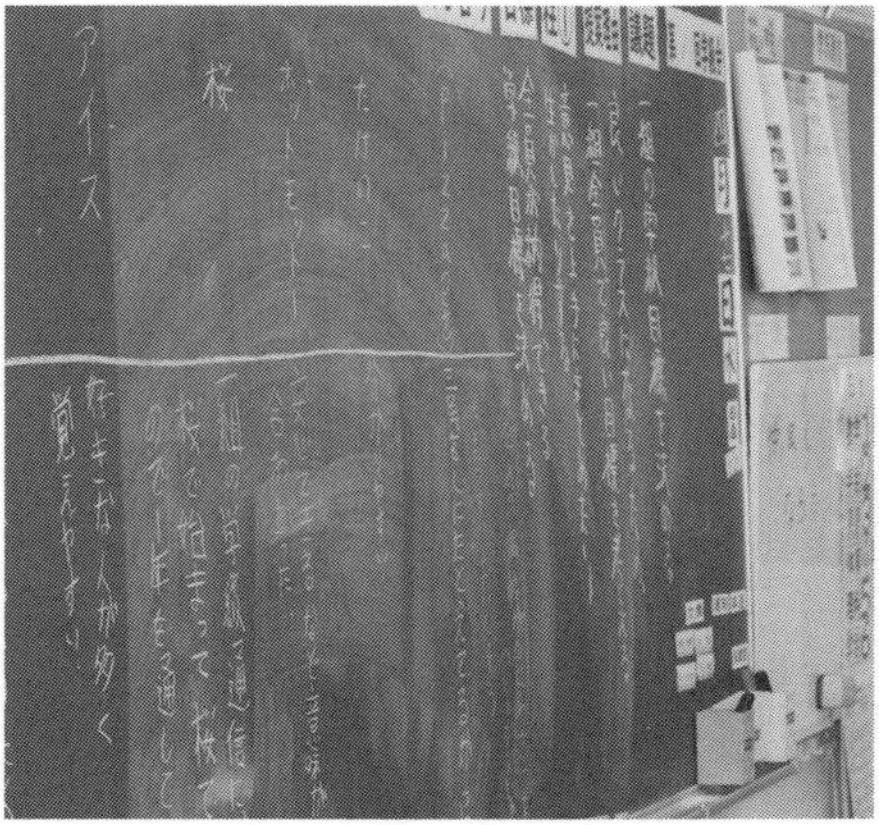

※1　若松俊介『教師のいらない授業のつくり方』明治図書、二〇二〇年

8 席替え

ON

柔軟な座席配置にする

○ 教科によって座席を変える
○ 短い期間で座席を変える
○ 時期やねらいによって席替えの方法を変える

OFF

人間関係の固定化につながる発想を捨てる

× 子どもの力関係に左右されない
× 担任が生徒指導上の理由で特定の子どもの席を決めない
× 他の学級と横並びにしない

柔軟な座席配置にする

①柔軟性が安心を生む

私たちは席替えに対して、子どもの人間関係の形成や学習支援など様々な意図を込めます。その中で最優先すべきは、子どもの安心です。子どもにとっては、どこの席に座るということ以上に、誰が近くになるかということが重要だからです。学習面と人間関係の両面で不安を減らし、安心感を高めるため、私は次の三つを意識しています。

- ・教科によって座席を変える
- ・短期間で座席を変える
- ・席の決め方を変える

一つ目が、**教科によって座席を変える**ことです。特別教室を使う授業では、普段と異なる座席になるのが当たり前です。同様に、自教室の授業でも教科によって変えても良いのです。得意教科に応じて、ペアや小グループの編成を意識した座席にできます。

二つ目は、**短期間で席を変える**ことです。席替えに関する不満は、同じ顔ぶれで数週間を過ごさなければいけないことで生じるものです。そこで、毎週末などに短期間で席替えをします。Excelの乱数を使ったり、席替えアプリを使ったりすると手間がかかりません。

三つ目は、**様々な方法で席替えをする**ことです。ランダムな方法や希望制、話し合いなどから、時期やねらい、学級の学習の状況や人間関係の様子によって選びましょう。

以上の三点に共通するのは、柔軟性です。座席の固定化は、人間関係を固定化します。学級としては、よいことではありません。柔軟に席を変えることで安心を保障します。

②自治的に座席を決める

席替えの方法や時期は、自治的活動として担任と子どもで一緒に考えます。その際には、**座席の決定権と責任の所在は担任にあることを明言し、安心して席替えができるようにしましょう**。そうすると、座席に関するトラブルがあった場合にも柔軟に変更できます。

班長たちと相談して席を決めたり、班の場所だけを決めて座席は班に任せたりするなど、様々なパターンが考えられます。教科ごとに席の配置を変えることを、小学校の専科の先生や中学校の教科担任に対して、子どもの方から積極的に提案するのも良い経験になります。子どもの方が学級の実態をわかっている場合があるので、おすすめです。

人間関係の固定化につながる発想を捨てる

①スクールカーストを助長しない

席を決める際に、担任の意向で「授業中うるさいから」という理由で一番前の席にするのは避けましょう。該当する子に教師がレッテルを貼ってしまうことになります。

また、子どもたちの手で決める際には、担任が事前に席を決める条件を示し、決めた後は子どもに座席配置の意図や工夫した点を説明してもらうようにします。席替えでは専制的な決め方も、逆に完全な放任も避けましょう。いわゆるスクールカーストの形成や強化を防がなくてはいけません。席替えを間違えると、人間関係を悪い意味で固定化させます。

②学級活動と連動させて横並びを打破する

学年で席替えのタイミングや方法をすり合わせる例が見られますが、おすすめできません。学級の実態が違うので、席替えに対するニーズもずれているからです。

確かに席替えを学級経営として捉えると、他の学級とそろえる必要が生じます。そこで、**席替えを学級活動の一環として位置付けた上で、子どもと一緒に考えた学級独自の工夫として実行しましょう**。そうすると、他の学級と横並びにする必要がなくなります。

9 ほめること・叱ること

ON

ほめる時も叱る時も具体的にする

- ○ ほめることと叱ることの怖さと難しさを自覚する
- ○ 具体的にほめることで行動の価値を示す
- ○ 叱る基準としてのルールづくりを学級で工夫する

OFF

なんでもかんでもほめたり叱ったりしない

- × 抽象的なほめ言葉だけでほめない
- × ほめてもうれしくないことをほめない
- × 徹底できないルールを捨てる

ほめる時も叱る時も具体的にする

①ほめるのも叱るのも難しい

学級担任として子どもをほめたり叱ったりすることのねらいは、二つあります。一つが行動の変容です。叱りすぎてもほめすぎても、子どもを担任の望む方向へコントロールし、**結果的に子どもの自立を妨げる**おそれがあります。叱るのはもちろん、ほめることについても怖さを自覚し、タイミングと内容を見極め、相手に応じて表現を変えましょう。

ほめることと叱ることのもう一つのねらいは、関係性の改善です。担任と子どもの間で信頼関係を構築するためには、適切なほめ方や叱り方が大切です。また、叱ることの必要性は、子ども同士の関係性や集団の中でのふるまいを是正するために生じます。正論で叱るだけでは通じませんし、安直にほめたり感情的に叱ったりしても、上手くいきません。

②具体的にほめて価値を示す

ほめる時に注力すべきなのは、**子どもの役に立つようにほめる**ことです。子どもが気付いていない情報や価値を自覚できるようにします。例えば、ある子が給食の片付けで残したご飯を丁寧に食缶に戻したとします。その時に、「なるほど、茶碗をきれいにすると洗う人が助かるよね」など、ちょっとした行動の背後にあるねらいや価値を読み取って端的にほめます。その価値を本人が自覚するとともに、他の子どもにも良さが伝わるようにします。

③本当に必要なルールを厳選する

叱る際には、叱る基準としてのルールを明確にして、子どもが納得できるようにしましょう。ルールづくりのキーワードは**「皆でつくる」「どんどん変える」「絞る」**です。

一点目に、教師が一方的に決めるだけでは生きたルールになりません。子どもと一緒にルールをつくりましょう。法教育の視点からも、ルールを自分でつくる経験は必要です。

二点目に、学級での具体的な場面からルールをつくったり、改善したりします。効果的な問いかけは、「状況を改善するためには、どうしたらよいでしょうか」です。

三点目に、ルールはできるだけ絞ります。学校としての細かなルールがすでに決められているはずです。学級では「本当にルールにする必要がありますか」と問い続けましょう。

なんでもかんでもほめたり叱ったりしない

①下手なほめ方は逆効果

人の心の中には、他者からほめられたいという願望があると思います。ただし、ほめてほしいポイントがあるはずです。ピントのずれたほめ方や「すごいね」「えらいね」という言葉だけでは、逆効果です。小学校の高学年や中学生では、白けた気持ちになります。ほめる時と叱る時には「これはほめる（叱る）に値するのか」「どの点に価値（問題）があるのか」という視点で行動を見極めましょう。さらに、ほめる際には「この子はどこをほめてほしいのか」という視点をもって観察することも大切です。

なお、上から目線でほめるよりも、対等な立場で感謝する方がよい場面もあります。例えば、「消しくずをゴミ箱に捨ててえらいね」とほめるのではなく、「気を遣ってくれて、ありがとうね」の一言で済ませる方が自然です。何でもほめればよいわけではありません。

②徹底できないルールを捨てる

細かすぎるルールは、守らせる指導を徹底できません。学級ではもちろん、学校としてもルールは厳選すべきです。守ることが難しいルールが増えると、結果的に子どもが「ルールは形だけで、実際は守らなくてもよい」と考えてしまうおそれがあります。

ルールを減らすと、叱る機会は減ります。その分、**人権侵害などモラルに反する言動や、法に触れる行為など、「絶対ダメ」という場面で叱ることに全力を注ぎましょう。**

10 学級じまい

ON

学級担任がかけた「魔法」を解く

○ 子どもが自信をもって新しい環境へ進むための学級じまいをする

○ これまでの学級通信を使った別れの演出で、担任の「魔法」を解く

OFF

最後に「呪い」をかけない

× 一年間のまとめの学活なのに新しい企画を始めない

× 一人一人への手紙は書かない

× 感動のお別れムービーは作らない

学級担任がかけた「魔法」を解く

①良い担任こそ最後は消える

四月の学級開きに比べると、卒業や進級に向けた「学級じまい」の実践は、あまり注目されないかもしれません。しかし、授業のまとめが大切であるように、学級経営のまとめも大切です。子どもが次の三つの自信をもてるように学級じまいを行いましょう。

- ・一年間で様々な面で成長できたという自信
- ・一年間で課題を克服できたように、新しい環境での課題も克服できるという自信
- ・担任が変わっても、自分たちの力でさらに成長できるという自信

この三つの自信をもてるように、まずは一年間を振り返ります。次に、新しい学級や学校でも、今の学級での経験が必ず役立つと勇気づけます。そして最後に、今の学級を大切にするからこそ、新しい仲間と新しい担任も大切にして、前向きに歩んでほしいというメッセージを伝えます。**担任の最後の責務として、子どもにかけた「魔法」を解きましょう。**

②学級通信を活用した学級じまい

学級じまいのツールとして、私の場合は学級通信を使います。学級通信には、学級の成長が時系列で記録されているからです。下の写真のように、一年間の学級通信を教室の空いた掲示スペースに貼ります。私の場合は、前の黒板を除いて、教室を囲むように通信を貼ります。

最後の学活では、教室内を自由に動いて学級通信を読み、一番印象に残った回を子どもに尋ねます。**子どもたちは、短い時間で成長の軌跡を確認して自覚できます。**

成長の自覚は、自信と新しい環境に適応する勇気を与えます。また、進級当初の最初の不安な気持ちから今の充実した気持ちに変わったことを思い出し、新しい環境でも不安を安心に変えることができると気付きます。学級通信という成長の記録を使って振り返ることで、前向きな気持ちで今の学級から旅立つことができます。

OFF 最後に「呪い」をかけない

①学級じまいのために新しいものを作らない

私が学級じまいで勧めるのは、学級通信のように既存のものを活用する方法です。逆に、学級じまいのために新しい何かを準備することは勧めません。授業のまとめの時点で、あっと驚くような教材を提示しないのと同じです。

名残惜しいからこそ、関係をさらに深めるような企画は慎むべきです。担任としてかけた「魔法」が「呪い」のように子どもの心に残ってしまいます。新年度に**「前のクラス（担任）の方がよかった」と言わせない工夫を、現担任としての最後の仕事にしましょう。**

②感動のお別れムービーはいらない

学級じまいでは子どもたち一人一人に手紙を書く例や「お別れムービー」を作って流す実践が見られます。これらは準備の負担が増える上に、子どもを今の学級に縛ってしまう「呪いの道具」になりかねないので勧めません。なお、販売されている楽曲をお別れムービーのＢＧＭに使った場合、ＤＶＤに焼いて配布したりデータ配信をしたりすると著作権に抵触をします。プロとして、四月からの子どものことを考えた工夫をしましょう。

11 授業準備の原則とICT活用

ON

単元の大きな枠組みで準備する

○ 教材研究と授業準備を分け、忙しい時は授業準備に専念する

○ 単元の大きな枠組みを設定し、子どもの裁量を増やす（フィールドワーク型の学び）

OFF

時間に追われた教材研究をしない

× 教科書や指導書をなぞる指導（レトルト）や他者の実践の追試（レシピ）を悪いと思わない

× 創造性が必要な教材研究は、時間のない時にしない

単元の大きな枠組みで準備する

①教材研究と授業準備は別物

授業づくりの前提として、授業準備と教材研究を分けて考える必要があります。教材研究とは理論を構築するための営みであり、教材や指導法（学習法）について研究します。一方の授業準備は、来週の授業に向けて学習展開を確認したり、ワークシートを準備したりすることです。担任する子どもたちに適した形で学習をデザインします。時間がない場合は、教材研究が十分にできなくても仕方ありません。授業準備に注力しましょう。

②フィールドワーク型の学びをデザインする

一時間の授業の前に単元の大枠の計画をつくると、目標達成に向けて一貫した学びになります。単元のデザインには、ゴールからつくる方法と、問いからつくる方法があります。ゴールから授業をつくる場合は、単元の目標と評価規準を設定します。目標は学習指導要領に沿う形で十分です。次に、社会科であれば北俊夫氏の知識の構造図※1を単元ごとにつくるなどして、一時間の授業で考えることや資料、基礎的な語句などを図示します。最後に、学習展開に沿ってワークシートを準備したり、学習の流れを示したスライドを作成したりします。発問や板書だけを記載した簡易的な指導案を作るのもよいでしょう。問いから授業をつくる場合は、社会科であれば渡部竜也氏が提唱する問いの構造図※2を単元ごとにつくり、中心発問を設定し、下位の問いをつなげていきます。そして、問いに対応する形で子どもに身につけてほしい知識を文章化し、必要な資料を用意します。

教科による違いはあると思いますが、ポイントは単元や内容のまとまりで柔軟に学習をデザインすることです。イメージとしては、フィールドワークのような学びです。**範囲（分野）とゴール（単元の目標）を設定し、チェックポイントとして各授業で身につけさせたいことを決めます。ゴールへのルート（課題解決の方法）や乗り物（学習ツールや方法）、活用する情報（資料など）は、子どもが自分で選択できるようにしましょう。**

③ＩＣＴのつながる特性を生かす

ＩＣＴの「Ｃ」（コミュニケーション）の機能を生かすことで、フィールドワーク型の学びをデザインしやすくなります。ＩＣＴを活用すると時間や空間の制約が減り、仲間とつながる方法が増えるからです。共同編集や相互のコメントなどの機能を生かしましょう。

時間に追われた教材研究をしない

①授業準備は「レトルト」や「レシピ」を利用してよい

教材研究の時間を確保できない状態で、授業準備をしなければいけないことが多々あると思います。その時は**「レトルト」な実践や「レシピ」を活用した実践で十分です**。レトルトとは、教師用教科書や指導書に沿った授業を行うことです。レトルト食品のように手間をかけない授業です。レシピとは、他の先生の実践をまねすることです。既存のものを使って、百点満点ではなく、七〇点くらいの授業を目指しましょう。

②余裕がない時に教材研究はしない

教材研究をする際には、先行研究の確認や批判、教材分析、独自性の加味などが必要となるため、心の余裕が必要です。時間に追われていて、心の余裕がない時は避けましょう。レトルトな実践やレシピに沿った実践を続けると、つまずきやひっかかりを感じるはずです。授業の達人の実践を追試しても、上手くいかないものです。そこで余裕のある時に教材研究をしましょう。**創造性を発揮して独自のレシピを完成させ、得意料理のように得意な授業を手に入れましょう**。教材研究の工夫については後述します（二三六頁）。

※１　北俊夫『社会科学力をつくる〝知識の構造図〟』明治図書、二〇一一年
※２　渡部竜也・井手口泰典『社会科授業づくりの理論と方法』明治図書、二〇二〇年

12 ワークシートづくり

ON

「流れ」を可視化する

○学習の流れがわかるような内容と構成にする
○思考の流れを助けるように思考ツールを活用する

OFF

思考を奪うワークシートをつくらない

×教科書や資料集の内容を抜粋した説明用ワークシート
×語句レベルの穴埋め問題だけのワークシート

「流れ」を可視化する

①ワークシートで学習の流れを可視化する

学習用のワークシートづくりのコツは、**子どもが二つの「流れ」を把握できるようにすること**です。二つの流れとは、**学習の流れと思考の流れ**です。

学習の流れに関わって、ワークシートの例を紹介します。中学一年生の社会科の授業開きのものです。左上には見出しを載せました。活動の名称（語句しりとり、私は誰でしょうクイズ）と中心発問（「小学生に『なぜ社会科を学ぶの？』と聞かれたら、あなたは何と答えますか」）を、取り組む順に掲載しています。

必要最小限の情報のみを記載し、シンプルな

今日の学習
1　社会科の語句しりとり
2　私は誰でしょうクイズ
3　小学生に説明しよう

社会科の学習開き

1．社会科の語句《ごく》しりとり

（1）1人でしりとり

（2）グループでしりとり（ホワイトボード）

2．私は誰でしょうクイズ

ヒント1	
ヒント2	
ヒント3	
答え（隣《となり》の人に書いてもらおう）	

3．小学生に「なぜ社会科を学ぶの？」と聞かれたら、あなたは何と答えますか？

ちなみに、私（川端先生）の考えは「＿＿＿＿になるため」

4．【発展】

（　　　　　　　　しりとり）
…オリジナルの条件を付けよう

他の教科を学ぶ理由を考えよう

構成にします。そうすることで、どのような子どもにとっても取り組みやすいワークシートになります。

②ワークシートで思考の流れを可視化する

真っ白のノートに比べると、ワークシートは自由度が下がります。その代わり、**思考ツールを組み込むことによって、子どもの思考を助ける効果があります。**

下のワークシートは、フィッシュボーン図を使ってEUの将来の加盟国数について考えるものです。加盟による影響はプラスとマイナスの両面を述べることを共通の条件にしました。どのような要素に注目するかは、子どもが各自で選択します。

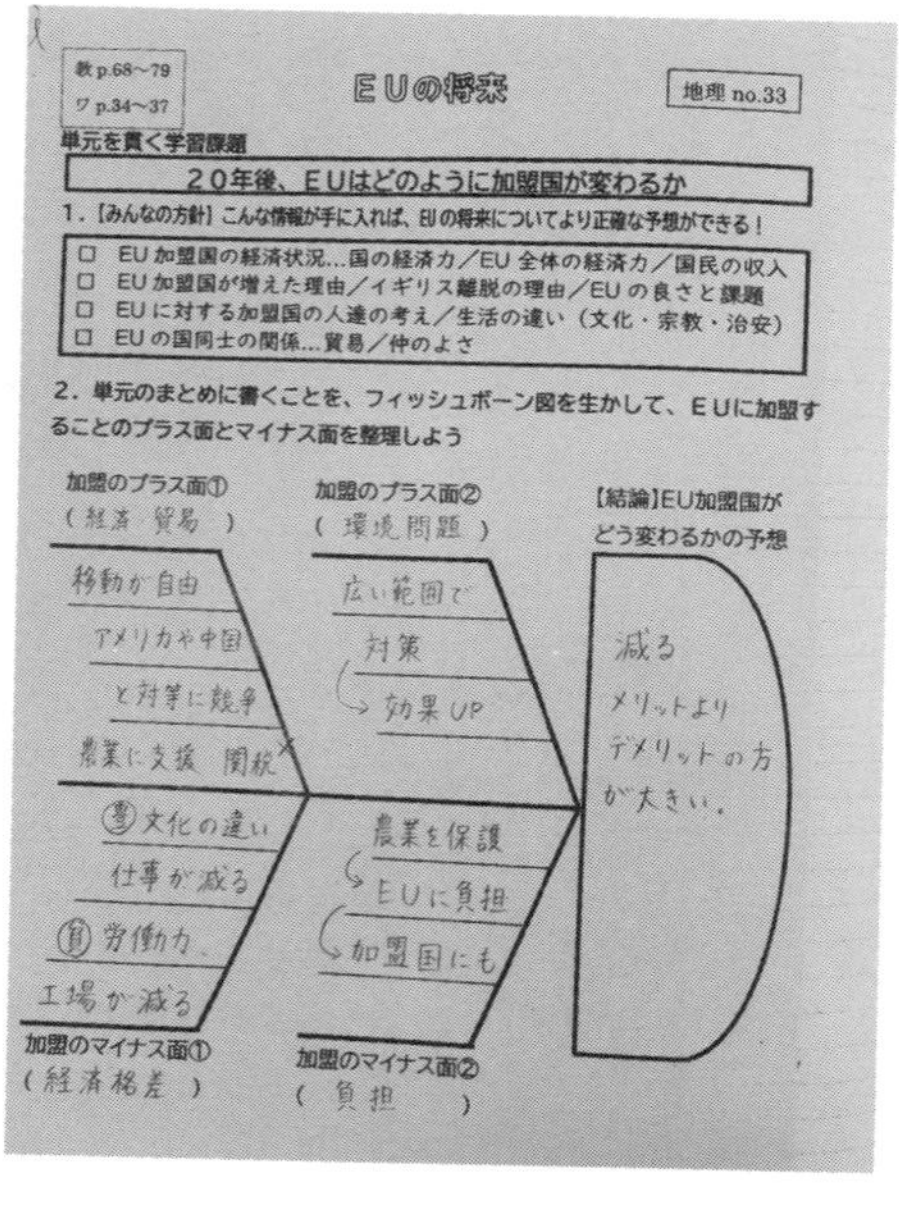
教p.68〜79
ワp.34〜37

EUの将来

地理 no.33

単元を貫く学習課題

２０年後、ＥＵはどのように加盟国が変わるか

1.【みんなの方針】こんな情報が手に入れば、EUの将来についてより正確な予想ができる！

□ EU加盟国の経済状況…国の経済力／EU全体の経済力／国民の収入
□ EU加盟国が増えた理由／イギリス離脱の理由／EUの良さと課題
□ EUに対する加盟国の人達の考え／生活の違い（文化・宗教・治安）
□ EUの国同士の関係…貿易／仲のよさ

2．単元のまとめに書くことを、フィッシュボーン図を生かして、ＥＵに加盟することのプラス面とマイナス面を整理しよう

この生徒は「経済・貿易」「環境問題」「経済格差」「負担」の四つの面について、キー

ワードや矢印で考えを整理しています。そして、ＥＵ加盟のメリットよりデメリットが大きく、離脱が増えると判断しました。矢印はこの生徒が独自に編み出した工夫です。思考ツールを繰り返し使うと、自分の思考に合った形にアレンジして使えるようになります。

思考を奪うワークシートをつくらない

①説明用のワークシートが思考を止める

せっかく自作のワークシートを用意しても、内容によっては子どもを思考停止にさせるおそれがあります。悪い例の代表が、昔の板書のような、説明だらけのワークシートです。子どもはワークシートを読んで暗記に力を入れることはあっても、思考を働かせる機会を失います。ワーク（作業）の少ないワークシートはやめましょう。

②穴埋めだけでは学習のゴールに届かない

もう一つのやめるべきワークシートは、穴埋めばかりのものです。それならわざわざ自作するより、市販の問題集やオンライン上の無料コンテンツを利用した方が効率的です。そもそも、教師が**ワークシートをつくるのは、子どもが学習目標に到達できるように補助するため**です。ワークシートを作成する目的を忘れないようにしましょう。

13 補助資料の準備

ON 資料で思考を支える

○ 資料を提示する時は見せ方を工夫する

○ 子どもの思考を助けるような資料を厳選して配布する

○ 情報リテラシー育成のため、引用の手本を示す

OFF 学習目標から遠い内容は載せない

× 無駄に凝ったスライドはつくらない

× 雑学は披露しない

× 調べ学習でインターネットを多用しない

ON 資料で思考を支える

①一斉に提示する資料は見せ方にこだわる

補助資料とは説明用スライドの他、情報を読み取るための資料（社会科であれば統計や地図などの図表、写真、文書資料など）を指します。ワークシートは思考の流れを可視化しますが、これらの補助資料は思考を支えます。子どもが学習のゴールに向かって進む時の思考の「案内板」や、つまずいた時に体勢を立て直すための思考の「杖」になります。

補助資料を一斉に提示する時は、見せ方を工夫しましょう。私は、桂聖氏らの授業のユニバーサルデザインの理論の「視覚化」※1をアレンジして、次のような見せ方をします。

- ・ズームインする　（例）写真や絵の一部を拡大する。
- ・ズームアウトする　（例）ズームインの後に写真や絵の全体を見せる。
- ・隠す　（例）写真の一部をぼかす。グラフの一部を削る。新聞の見出しを隠す。
- ・チラリと見せる　（例）動画の一部を見せる。写真を一瞬見せてすぐに隠す。

このように資料の見せ方を工夫すると、子どもは注目すべき箇所の検討をつけやすくなります。また、子どもが資料に面白さを感じ、集中して情報を読み取ることができます。

②配布する資料は厳選する

学習活動の参考として図表や新聞記事を配布する場合は、厳選すると思考の手助けになります。資料を用意しすぎると混乱を招く上、一つ一つの資料を読み取ることに授業時間が圧迫されます。学習課題や中心発問に対応させたメインの資料は三つ以内にしましょう。

多数の資料を配布しないといけない場合は、活用しやすい順番に並べたり、発問や指示で見るべき点を補足したりしましょう。そうすると、子どもの思考を邪魔しません。

また、配布する資料では画像やデータの出典を明記しましょう。出典の有無によって情報の信頼性が変わることが子どもに伝わるようにします。出典の扱い方を手本として示すと、子どもが調べ学習の成果をレポートやポスター、新聞にまとめる時に役立ちます。

OFF 学習目標から遠い内容は載せない

①落ち着きのないスライドが脱線させる

説明用の自作スライドでは、むやみにアニメーションを使うことや学習内容と関連の薄い画像の挿入は避けましょう。子どもの集中力を削ぎ、学習目標の達成を妨げるからです。特に参考資料を配布する場合は、ネットで「拾った」画像を貼り付けるのは著作権に抵触するおそれがあります。教科の中身と、興味を引く話し方と見せ方で勝負しましょう。

②豆知識は子どもに披露させる

社会科や理科で顕著ですが、人物や身の回りのものに関する豆知識を資料に書いたり、説明したりすることがあります。教師が調べるのも授業の中で話すのも、時間の無駄です。代わりに、子どもが学習内容に関連して雑学や豆知識を調べる方法を勧めます。雑学の根拠やエピソードの出典を探すように促すと、資料批判の技能を磨くことができます。

③インターネットで調べることはほどほどにする

授業の中で「ネットで調べよう」と指示することは勧めません。インターネットよりも、教科書や紙の資料集を使った方が正確な情報を短時間で得ることができる場合があります。「ICT活用＝ネット検索」という発想は捨てましょう。**誰かのアップした情報を調べることよりも、創造的に表現する道具や他者とつながる道具としてICTを使うべきです。**

※1　小貫悟・桂聖『授業のユニバーサルデザイン入門』東洋館出版社、二〇一四年。村田辰明『社会科授業のユニバーサルデザイン』東洋館出版社、二〇一三年

14 学習評価

ON

納得と自信のために評価する

○評価に関する情報を子どもに開示する
○評定のための評価と学習改善につなげる評価を分ける

OFF

不満と不安を招く評価はしない

×学校で購入したワークや宿題のプリントは、評定につながる評価の資料にしない
×フィードバックのできないものを点検しない

納得と自信のために評価する

①評価に関する情報を教師と子どもで共有する

学習評価で大切なのは、**子どもが評価に納得して自信を得られるようにする**ことです。教師が子どもの学びの過程と成果を適切に見取ってフィードバックすることで、子どもは自信をもち、新たな学びに向けた栄養を蓄えます。信頼関係の構築にもつながります。

ただし、子どもが納得できるように評価することは簡単ではありません。「ＩＫＥＡ効果」という言葉があるように、一般的に私たちは自分が時間や手間をかけたことについて、過大評価と言えるくらい肯定的に価値づけする傾向があるからです※1。

納得できる評価のためには、評価の仕方だけではなく、評価の示し方が大切です。まず、学習する単元ごとに評価計画を立てます。そして、評価規準（目標）、評価基準（Ａ・Ｂ・Ｃの基準など）、評価の観点、評価の対象となる成果物、評価の時期などの評価に関する情報を子どもに明示します。学習評価をブラックボックスにせず、子どもと共有しましょう。

②評定のための評価と学習改善につなげる評価を分ける

学習評価では「評定のための評価」と「学習改善につなげる評価」※2を明確に分けます。前者はいわゆる成績につながりますが、後者は指導の改善や子どもの学びの改善に生かします。**教師と子どもの間で「評価＝成績」ではないという共通認識をもつことが大切です。**

学習改善につなげる評価の例として、堀哲夫氏による一枚ポートフォリオ評価の考え※3に沿って、私はOPPシートを使っています。下のシートを子どもは毎時間記入することを通して、単元を貫く学習課題の解決に向けて学びを自己調整します。また、教師は「一番大切だと思ったこと」の内容を参考にして、

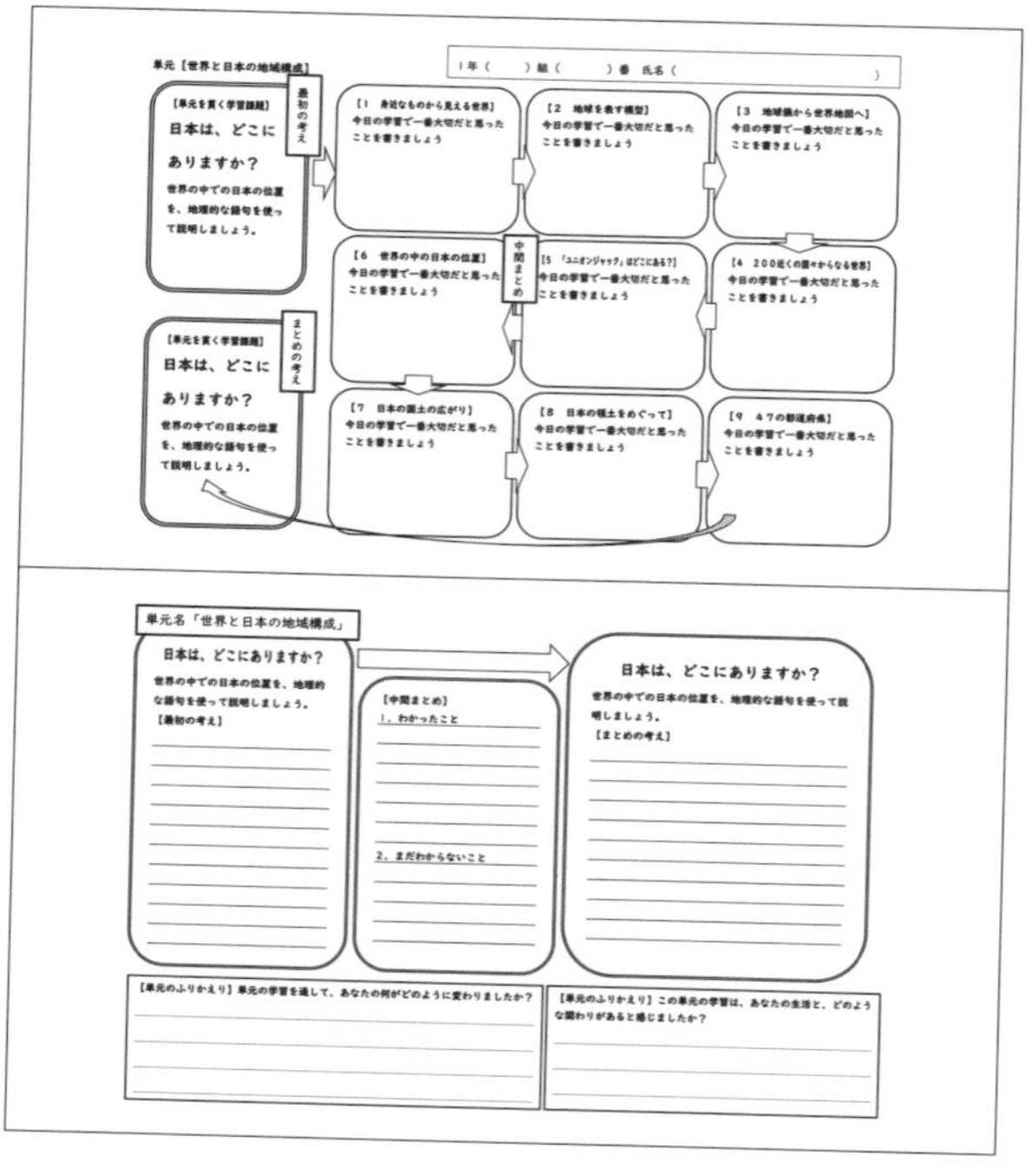

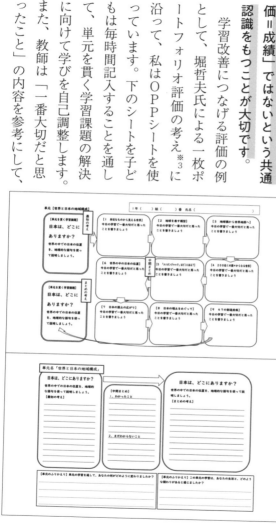

資料や発問、学習展開を修正します。学びと指導の改善によって、子どもは学習目標に到達できるようになります。

不満と不安を招く評価はしない

学習評価に関してＯＦＦすべきことは、教師と子どもの不必要な努力です。例えば、宿題で配布したプリントや学校で購入したワークを提出させ、点数をつけて評定につなげることはやめましょう。学習目標に対する子どもの到達度を捉えることができないので、評価資料にはなりません。学びの改善につながるようなフィードバックもできません。

学習目標に沿った計画を立て、点検すべきものを絞ることで、教師の負担が軽減されます。また、**子どもは「何を、どのように、どのくらい評価するか」ということがわかれば、努力すべき方向性が見えるので、評価に対する不安が減ります**。また、評価について納得できるようになり、不満も減ります。評価が嫌なことから楽しいことに変わるはずです。

※１　ジョン・ハッティ、グレゴリー・イエーツ『教育効果を可視化する学習科学』北大路書房、二〇二〇年

※２　田村学『学習評価』東洋館出版社、二〇二一年。他に、国立教育政策研究所が校種及び教科・領域ごとに『「指導と評価の一体化のための学習評価に関する参考資料」』を作成し、ホームページで公開している。

※３　堀哲夫『新訂　一枚ポートフォリオ評価ＯＰＰＡ』東洋館出版社、二〇一九年

15 ノート指導

ON

表現の場としてのノートにする

〇 考えるための補助や考えたことの記録としてノートを活用する

〇 ノートの上手な活用例を示すことで、子どもの柔軟な発想を刺激する

OFF

コピーとしてのノートにしない

× ノートには板書の丸写しをさせない

× 語句の説明のための板書をしない

× 子どもの思考を停滞させるような作業の時間をつくらない

表現の場としてのノートにする

①ノートを思考ツールにする

私はノート指導の際に、子どもたちに二つの問いかけをします。「ノートは誰のために書きますか」と「ノートでしかできないことは何ですか」です。**ノートは、子どもが自分の学びのために、自由に書くことができる道具です。**思考の補助や記録として機能させましょう。

下のノートは、中学一年生の歴史のノートです。授業の発問に対応して（1）（2）と項目を分け、その下に自分の考えを文で書いています。ただ、それだけではなく、右側にはウェビングマップのように考えたことをつないでいます。この生徒が独自に行った工夫です。

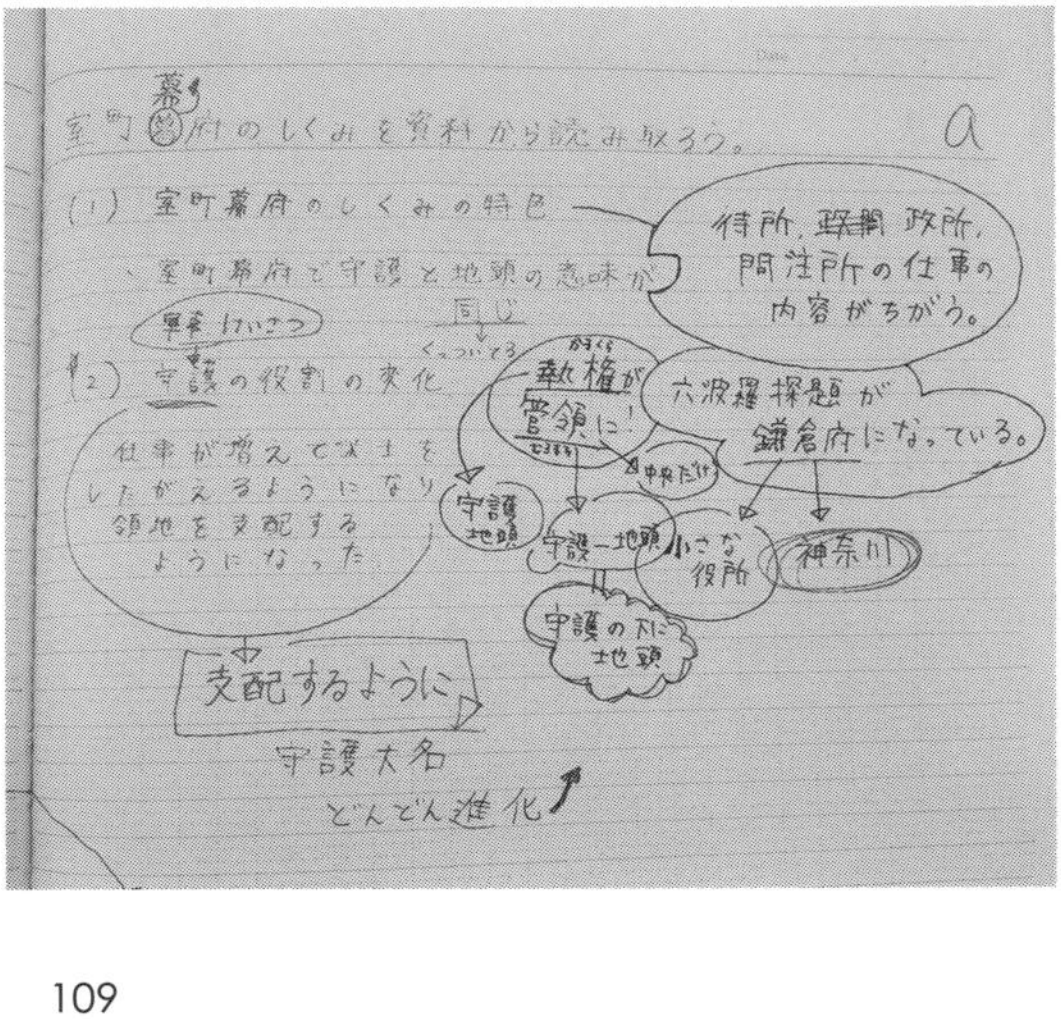

②ノートで自由な発想を磨く

別のノートを紹介します。ノートの上にはアメリカの西部で放牧が盛んな理由と、アメリカの農業の工夫についての考えを書いています。農業の工夫については、キーワードを示すこと、複数の側面から説明することという条件を私が示しました。それに対して、Yチャートを使うことを決めて活用しています。

また、ノートの下半分はフリースペースです。農業についてまとめ直し、バイオテクノロジーの語源と補足説明を書いています。このようにノートを上手に活用している例を授業で紹介することで、子どもが自由な発想でノートを使うスキルを育てます。

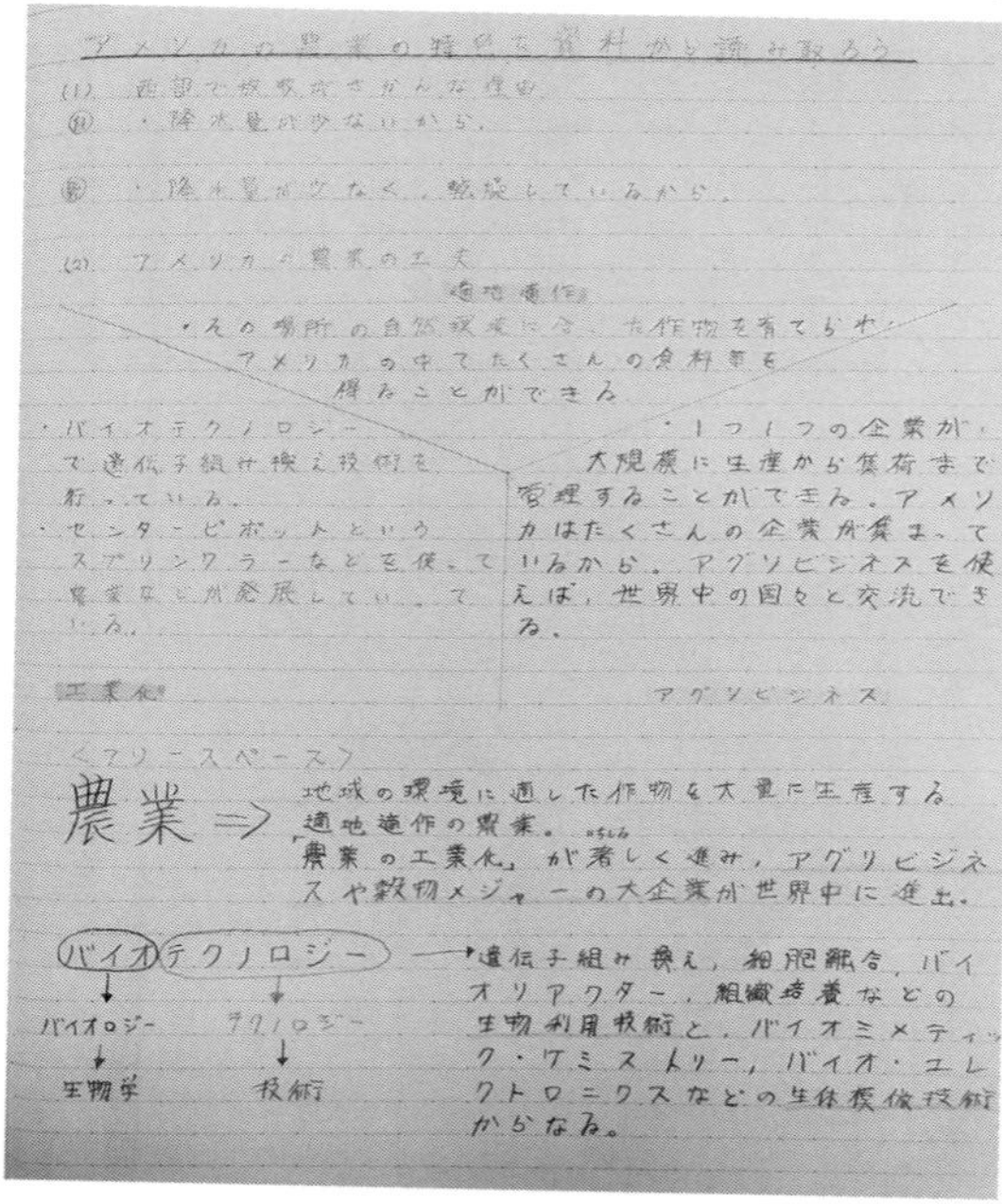

OFF コピーとしてのノートにしない

①思考が止まる作業を削る

教師は事前に準備した内容を黒板に書き、子どもたちは一字一句同じことを書き写す…かつては授業の中で、そのような場面が見られました。**ノートに書き写す作業の間、子どもの思考は止まっています**。子どもは手が痛くなるまで黒板の内容をすべて書き写し、達成感があるかもしれません。しかし、それは教科の学びの達成感ではありません。

もし、語句レベルの知識などを板書したいなら、代わりにプリントかデータで配布すればよいだけです。その方が正確ですし、ノートに書き写す時間の短縮にもなります。

②板書はホワイトボードのように使う

ノートと板書は密接に関連します。私は板書の意義を否定するわけではありません。板書は、学習課題の解決に向かう記録としての価値があります。また、板書を共同編集する思考ツールとして機能させることができます。

大学のゼミや企業の会議では、ホワイトボードを使って意見を整理することがあります。学校の黒板も同じように、学級としての議論の推移と成果を記録するために使いましょう。

16 ペア・グループ活動への支援

ON

対話的な活動の大枠としての条件とコツを示す

○ ペア・グループ活動における最低条件を示して、子どもの不安を減らす

○ 他者の意見を生かすためのコツを例示して、子どもの苦手意識を変える

OFF

対話的な活動の型を強制しない

× ペア・グループ活動用のマニュアルは用意しない

× 自分の考えをまとめ直すという理由であれば、グループ活動への参加を強制しない

ON 対話的な活動の大枠としての条件とコツを示す

①対話的な活動の大枠としての条件とコツを示す

多くの先生が、授業の中でペアやグループで活動する場面を用意していることでしょう。一斉学習からグループ活動へと場面を転換し、他者と対話を通して自分の意見をアウトプットすることで、学習内容を深く理解する効果があることは、白水始氏らが論じている通りです。※1子どもにとっても、ペア・グループ活動は授業の楽しみの一つです。

一方で、ペアやグループは他者とコミュニケーションをとることが必須の活動です。そのため、**子どもによっては「対話を強制される」と解釈して不安や苦手意識をもつ場合があります**。そこで、ペアやグループ活動の際にはルールやコツを示すようにします。私の場合は、まず次のようなペア・グループ活動での最低条件を示します。

- ・学習に関する活動をする…雑談ではなく対話をする。非難ではなく議論をする。
- ・自分の考えをパワーアップさせる…自分の意見を述べる。相手の意見を生かす。

②苦手を得意に変えるためにコツを示す

ペア・グループ活動の条件を示すだけだと、それぞれの考えを順番に発表し、「よさそうな意見」をグループの意見にして終わりになってしまうおそれがあります。そこで、対話の技を活動時に示します。左は、私が「対話術」として子どもに示すことの一例です。

①別の事実で意見を補強する（例）「他の理由を足すと…」「別の～の場合でも…」
②意見を比較する（例）「～と似ている所は…」「違う所は…」「前と比べて…」
③意見を要約する（例）「つまり…とまとめることができる」
④意見を価値づける（例）「なるほど、良い所は…」「でも、ちょっと心配な所は…」
⑤発想を質問する（例）「どうやって思いついたの？」「どこに注目したの？」

これらの対話術は、子どもの意見に対する教師のスキルを簡略化したものです。例えば、①は「他の理由はありますか？」と問い返す技をグループでの対話に応用しています。

グループ活動では、自分の意見を発表するのは一斉学習と変わらないので、そう難しくはありません。難しいのは、他者の意見の生かし方です。相手の意見に反応するコツがわかれば、グループ活動が充実します。教師が例示する他に、実際の対話の中で子どもから出た言葉を取り上げて対話術として紹介し、技のバリエーションを増やしましょう。

OFF 対話的な活動の型を強制しない

①ペア・グループ活動のマニュアルはいらない

ペア・グループ活動の際に司会のマニュアルを用意したり、話型を決めたりすることはやめましょう。形通りに進めることに意識が向かってしまい、議論の中身が薄くなります。

私たち教員は、校務分掌の会議や学年部会で原稿を作りません。議論する時には、マニュアルという型よりも、何を伝えるかという内容が大切だからです。子どものペアやグループ活動も同じです。対話を充実させるコツはあっても、マニュアルはありません。

②学習形態にこだわらない

グループ活動なのに「一人で考えたい」子どもがいた場合、私は自分の考えを整理したいという理由であれば認めます。もちろん、「嫌だから」では認めません。**ペア・グループ活動は、考えを深めるための手段であり、学習の目的ではないことに留意しましょう。**

※1　白水始『対話力―仲間との対話から学ぶ授業をデザインする！』東洋館出版社、二〇二〇年

17 テスト

ON

「王道」のテストにする

◯ 奇をてらわずに、学習で身につけた力を確認できるテストにする

◯ 定期テストは評価規準→観点→資料→小問の順に評価の項目を先に決めてから作問する

OFF

「～すぎる」ペーパーテストを作らない

× 難しすぎる問題や小問が多すぎるテストは作らない

× ペーパーテストが評定に占める割合を多くしすぎない

「王道」のテストにする

①縛りの中で王道のテストをつくる

学校には語句レベルの小テスト、単元テスト、定期テストなど様々なテストがあります。中学校や高校の場合は、一般的に定期テスト（定期考査）が評定につながる評価資料として重視されます。定期テストは入試を意識せざるを得ないため、方法・内容の両面で教科担任として工夫をするのは難しいと思います。

また、小学校では業者作成のテストを使う場合が多いので、自作のテストは漢字テストや都道府県テストなど、語句レベルの知識を再生させるものに留まることが多いのではないでしょうか。以上のように、どの校種でもテストには「縛り」があります。

テストに縛りがある中で、私が大切にしているのは「王道」のテストです。奇をてらわずに、子どもが身につけた資質・能力を確認するというテスト本来の目的に沿った形で作問します。教科担任の創意工夫は、ペーパーテスト以外の場面で発揮すればよいのです。

②王道のテストの作り方

定期テストを例にして、私の作り方を紹介します。次の四つのステップを踏みます。

①出題範囲の単元の観点別の評価規準を確認する
②観点別の配点を決める
③自作のワークシートと過去の良問を参考に問題の形式を決める
④資料を決め、問題同士がつながりをもつように作問する

若い頃は、④の具体的な作問から進めていました。学校で購入した副教材の問題などを参考にして、百点分になるまで小問を積み重ねる方法です。しかし、その方法だと結局語句レベルの知識ばかりを再生するような、暗記していれば得点になるテストになりました。

そこで、**ペーパーテストの本来の目的に立ち返り、単元の評価規準を確認してから作成する**ようになりました。作問の参考には「中学校卒業程度認定試験」などを使います。過去数年分の問題と解答が文部科学省のホームページに掲載されています。一問一答型のテストではなく、単元の学習で獲得した知識・技能を活用して資料から情報を読み取ったり、考察したりする問題を出題しましょう。学校によっては定期テストのページ数の制限があるかもしれませんが、私は資料を多く使うためＡ４判で8～10ページほどになります。

「～すぎる」ペーパーテストを作らない

①三つの「～すぎる」を取り除く

ペーパーテストを自作する際には、次の三つの「～すぎる」ことをやめましょう。どれも知識の習得の状況ばかりを評価し、知識の活用や概念的な理解を評価できないからです。

- 問題が難しすぎる…「満点防止」やマニアックな知識を問う小問は作らない
- 小問が多すぎる…小問が多すぎると、語句レベルの知識を評価する内容に偏る
- 評定に占める割合が高すぎる…一度のペーパーテストで見取る内容には限界がある

②ペーパーテスト以外の評価方法を充実させる

テストは、学びの成果を確認する一つの手段に過ぎません。ペーパーテストだけではなく、パフォーマンステストを取り入れるなどの工夫が必要です。

また、テスト以外の方法で評定につながる評価を充実させましょう。ＩＣＴの活用によって、表現の幅が大きく広がります。多様な形で、子どもが力を試す場を用意しましょう。

18 宿題

ON

子どもの should や want を刺激する

○ 家庭学習をした方がよいと感じるような問題を紹介したり課題の再提出を認めたりする

○ ユニークな自由研究を紹介し、子どもが「やりたい」と思うきっかけをつくる

OFF

一律の宿題は一切出さない

× 宿題の準備や印刷、点検に時間を費やさない

× 子どもが徒労感を抱くような一律の宿題は出さない

× 家庭学習に関する保護者の悩みは無視しない

ON 子どものshouldやwantを刺激する

①子どもに「した方がよい」と思わせる

実は、私は一切宿題を出しません。宿題を出さなくなって十数年が経ちます。したがって、宿題に関する「ON」は何もありません。宿題を出さない反面、子どもたちには家庭学習を勧めるようにしています。宿題と家庭学習の違いは、子どもにとって必須（must）ではないということです。家庭学習では、shouldやwantな学習のきっかけづくりをします。

一つが、shouldな家庭学習です。例えば、練習問題を解いた後に、学校で購入しているワークから類題を紹介したり、入試の過去問を紹介したりします。宿題にしなくても、必要感をもった子どもは、学校の休み時間や家庭学習で解いてきます。

また、私はレポートや新聞、ポスターなどの課題について、期限内であれば何度も提出することを認めています。早く提出した作品から順に評価をして返すので、子どもによっては家で修正や改善をして、再提出をしてきます。評定につながる評価として課題を出していますが、修正を認めると学習改善としての評価（形成的評価）の要素が出ます。

②子どもに「やってみたい」と思わせる

子どもが「した方がよい」と感じるshouldな家庭学習の他に、子どもが「挑戦したい」と思うwantな家庭学習を促すように工夫します。例えば、ノートに自学用のフリースペースをつくるように勧め、実例を授業の中で紹介します。そうすると子どもは豆知識を調べたり、自分で問題を作ったり、キーワード一覧を作ったりして工夫をします。

また、長期休業の前などには自由研究を勧めます。提出を強制せず、評定につながる評価にも加えません。例えば昨年度は、マインクラフトでピラミッドを作った子どもや、フォートナイトで前方後円墳を作った子ども、牛乳を煮詰めて「蘇」を作った子どもがいました。**wantな家庭学習を促すコツは、ユニークな実例を示すことです**。「他の子ができるなら自分でもできる」「他の子とは違うアイデアを実現したい」という気持ちを刺激します。

一律の宿題は一切出さない

①一律の宿題で身につく資質・能力を考える

前述したように、私は子どもに同じことをさせるような宿題は全く出しません。なぜなら、一人一人の子どもの資質・能力を育てることにはつながらないからです。

宿題は補充的な学習の一つですが、補充が必要な内容は子どもによって異なります。したがって、一律の内容を宿題として課しても、その内容がプラスになる子どもはごく一部です。多くの子どもにとっては「わかることやできることを増やすために宿題をする」のではなく、「しないと叱られるからする」か「成績に関わりそうだし、とりあえず宿題を出されたからする」という認識になります。それは意味ある学びではなく、割に合わない労働です。費やした時間に対する報酬を実感できないため、無駄な苦労をするだけです。

②宿題を求める背景に思いを馳せる

教師にとっても、宿題は作成と点検に時間がかかります。効果が薄いことにわざわざ時間をかけることになり、教師にとっても徒労です。しかし、子どもはともかく、保護者からは「もっと宿題を出してほしい」という要望を寄せられることがあります。その要望の背景を読み取りましょう。保護者と対話をすれば、子どもが家庭学習をしないという不満や、子どもの成績が納得できる水準ではないという悩みが見えてくるはずです。

家庭学習の習慣化のためには、まずは子どもをshouldやmustな気持ちにさせましょう。その上で、家庭学習に取り組むための時間設定や環境づくりのコツや具体的な学習方法を助言したり、例示したりしましょう。**家庭学習については、教師は子どもに大量の宿題を与えるよりも、家での学び方の質を高めるように支援しましょう。**

19 学校行事への取組の原則

ON

特活としてのねらいを共有する

◯ 特別活動の一環としての学校行事のねらいを共有する

◯ 目指す姿や目標達成への方法は、教師の問いをきっかけに子どもたちの力で考える

OFF

「心を一つに」を強要しない

× 心を一つにしようとする発想をやめる

× 勝利至上主義の部活動のように、我慢や努力を強制しない

× 過度な競争をしない

特活としてのねらいを共有する

①特別活動としてのねらいを押さえる

学校行事は、多くの子どもたちが楽しみにしているものです。もちろん、毎日の教室での生活が一番大切ですが、行事が子どもに与える影響の大きさは計り知れません。その一方で、学校行事をきっかけにして友人との関係がこじれたり、行事の練習が圧力となって学校や学級が嫌になったりする場合もあります。学校行事は諸刃の剣です。

学校行事をプラスに作用させるには、そのねらいを見誤らないことが大切です。中学校の学習指導要領では、学校行事の目標を次のように示しています。小学校も同様です。

> 全校又は学年の生徒で協力し、よりよい学校生活を築くための体験的な活動を通して、集団への所属感や連帯感を深め、公共の精神を養いながら、第一の目標に掲げる資質・能力を育成することを目指す。※1

「第一の目標」とは、特別活動全体の目標を指し、「人間関係形成」「社会参画」「自己実現」の三つの視点で整理されています。つまり、学校行事とは協力を通して他者との関係づくりや自己実現につながる資質・能力を磨くために行うのであって、競争のためではないとわかります。特別活動の目標に沿って、学校行事の目標を設定することが大切です。

②五つの問いで目標を共有する

学校行事の際に、私は子どもたちへの問いを大切にします。次の五つの問いです。

①行事のねらいを共有する問い…「どうしてわざわざ行うのでしょうか」
②ゴールの姿を意識して活動目標を決める問い…「行事の後にどのような学校や学級になっていたいですか」
③計画や役割分担を決める問い…「ゴールに近づくために、何をどうすればよいですか」
④活動を修正する問い…「ゴールに近づくために、もっとよい方法はありませんか」
⑤活動を価値づける問い…「学校や学級のために何を続けて、何を変えるべきですか」

これらの問いについて皆で考えることで**学校行事のねらいを共有**できます。さらに、ねらいを達成した姿や達成する方法について具体的に考え、修正を図ることができます。

「心を一つに」を強要しない

①心は一つにならない

学校行事の中でも、運動会や合唱コンクールでは教員も子どもたちも「心（気持ち）を一つにしよう」という言葉を使うことがあります。しかし、**心はバラバラのままでよいのです。その方が、共通する目標の達成に向けて、様々な角度からのアプローチができます。**

一つにすべきは、心ではなく目標です。そして、学校行事では、学校や学級で共有する一つの目標だけではなく、各自の個人目標を設定するとよいでしょう。

②部活的な指導はしない

学校行事は特別活動（特活）の一つです。しかし、勝利至上主義に走る、悪い部活動のような取組が散見されます。特定の子に我慢を強いることや、担任やリーダー役の子どもが軍隊の教官のようにふるまって過度な競争をあおることは、すべてＯＦＦしましょう。

学校行事を通して、勝ち負けにこだわって競争し合う雰囲気の学校にしてはいけません。そもそも競い合う形式の行事にする必要があるのかということも考えましょう。

※１　文部科学省『中学校学習指導要領（平成29年告示）解説　特別活動編』二〇一七年

20 運動会・体育大会

ON

運動に親しむための準備と練習をする

○ 運動が苦手な子どもが楽しめるように、行事のねらいを話し合う

○ 競技に関する役割分担を子どもたちで考え、作戦の立案と遂行を楽しめるようにする

OFF

勝つための練習を強制しない

× 勝利を目的化しない

× 運動の苦手な子どもが犠牲になるような練習をしない

× 朝練は問題を生むだけなので絶対に行わない

ON 運動に親しむための準備と練習をする

①役割を自覚することで責任感が生まれる

小学校の運動会や中学校の体育大会、球技大会などの行事は、なぜ行うのでしょうか。勝つためではありません。**仲間と一緒になって運動することの楽しさをつかむためです。**

運動を苦手に感じていた子どもが、学校行事を通して「体を動かすのも悪くない」と運動に親しむ意識をもつことができれば、行事は成功です。また、運動の好きな子どもが「運動が苦手な子と一緒に体を動かすのも楽しい」と思えるようにすることも大切です。運動の技能に差がある子どもたちが一緒になって楽しめるような経験をさせたいものです。

準備の最初に「どうしてわざわざ授業や部活以外で、体を動かす行事をするのか」という問いについて考える機会を設けましょう。子どものたちの意識の差が明確になります。

次に、それぞれの思いを尊重しながら「学級の全員が運動の楽しさをつかむためには、それぞれがどのような役割を果たせばよいのでしょうか」と問い、運動会や体育大会で必要な役割について考える機会をつくりましょう。リーダーとして目標を立てること、フォロワーとして練習計画づくりに協力すること、競技に向けた練習のサポートをすることなど、子どもたちからは様々な役割が出てくるはずです。それらの役割は、運動が得意な子ども一人で担うことができません。行事のねらいを達成するためには、学級の皆の協力が必要であると気付きます。行事の準備を通して、責任感や連帯感を育てることができます。

②全員参加競技は作戦を立てて見せ場をつくる

責任感と連帯感をもたせつつ、運動の楽しさを実感させるためには、勝利は必ずしも必要ではありません。**子どもの希望に応じた見せ場をつくることが大切です**。

体育大会での全員リレーの例を紹介します。学級の健康委員を中心に作戦を立て、バトンの渡し方や走る順番の工夫をしていました。他の学級も作戦を立てていましたが、違いは全員の見せ場をつくるために、役割分担をしたことです。作戦を練る「参謀」や円陣で声を出す「応援団」、意気込みをカードにまとめる「後方支援」、リレーの序盤でリードする「先駆け隊」、インコースを維持してリードを守る「リード維持隊」など、子どもたちが役割と役名を決め、担当を決めました。子どもに合わせてつくった役もありました。子どもたちは短距離走の得意・不得意に関わらず、作戦の立案から実行まで楽しんでいました。

また、作戦を意識すると、結果も自然とついてくるものです。私は一学年が六学級の担任をしていましたが、全員リレーは五年間で三度優勝しました。子どもたちの力です。

勝つための練習を強制しない

①勝つことを目的化しない

運動会や体育大会のように勝敗を決める形の行事で、子どもが勝ちたいという気持ちになるのは自然なことです。しかし、勝ち負けを目的にしてはいけません。

勝つことが第一になると、運動が苦手な子どもへの見方や接し方が厳しくなります。運動に親しむことがねらいなのに、**運動嫌いにさせてしまいます**。子どもの犠牲の上の勝利は要りません。勝つための練習が中心になると、連帯感をもつことがねらいなのに、**子ども同士が対等な立場で連帯できなくなります**。勝利より大切なことを見つけさせましょう。

②朝練は絶対しない

中学校では部活動の朝練の慣習があったせいか、学校行事でも朝早くに集まって練習をすることがありました。今は働き方改革で、勤務時間外の朝練はなくなったと思います。

朝練はけがの危険が高まります。自主的参加と言いながら、同調圧力がかかって半ば強制的に参加せざるを得なくなります。学級にギスギスとした雰囲気と分断を生むだけです。朝練よりも、もっと楽しくて効果的な準備や練習を子どもたちと一緒に考えましょう。

21 合唱コンクール

ON

感動をプレゼントするための仕掛けをする

○ 聴く人が感動するような表現の場として合唱コンクールを捉える

○ 「妄想合唱コンクール」を行って、子どものwantなことを準備や練習に取り入れる

OFF

歌が苦手な子の自尊心を奪わない

× 声が出ていない人を探さない

× 合唱コンクールで金賞を獲ることを目的にしない

ON 感動をプレゼントするための仕掛けをする

①金賞より感動を優先する

私が卒業式と並んで好きな学校行事は合唱コンクールです。合唱は、感動を生むからです。特に、今の勤務校は合唱部が全国最優秀賞に輝くほどの実績があり、校内の合唱コンクールも本格的です。審査員は歌の専門家やプロの伴奏者が務めます。その中で、私は三年生の担任を二度務め、一度は六学級で二位の銀賞で、もう一度は全校グランプリでした。

入賞は子どもたちのがんばりの結果であり、私は技術的な指導を一切していません。そもそも、合唱コンクールのねらいは賞を獲ることではないため、入賞することに担任としての執着はありません。その代わり、合唱コンクールではある一点にこだわって支援と指導をしてきました。それは、**合唱を聴く人に感動の瞬間をプレゼントすることです**。

②歌が苦手な子どもの見せ場をつくる

感動させるような合唱を実現するには、技術指導よりも学級全員が前向きになるような仕掛けをすることが大切です。学級での合唱練習の前に、私は「妄想合唱コンクール」を行います。具体的には、合唱練習開始時（今）、本番まで残り一週間、当日の朝、合唱の直前、合唱の最中、歌い終えた瞬間、結果発表と七つの場面に分けて、それぞれの瞬間の状況と感情を「妄想」という形で付箋などに書きます。この活動を通して、合唱コンクールの練習過程と到達点の形を具体化し、学級全体で共有できます。その上で、聴く人に感動をプレゼントしてほしいという担任の願いを伝えます。

練習では、自分の得意な部分を生かして貢献できることや、歌が苦手であっても協力できることを探ります。例えば、歌に自信はないけれど、読書家で国語が得意な子がいました。その子は、歌詞を分析してパートリーダーに伝えていました。

また、下の写真は当日の朝に円陣を行った様子です。ある子どもが「妄想合唱コンクール」で円陣をして気合を入れると書いたのが賛同を得て実現しました。掛け声は運動部の子どもが担当しました。

それぞれの子どもがしたいこと（want）を具現化しましょう。

合唱コンクールに向けた期間中、私は直接の指導をせず、リーダーたちの打ち合わせの機会を設けながら、写真を撮り、学級通信で様子を紹介し続けただけです。子どもたちは工夫を重ね、本番では歌詞の情景が目の前に現れるような、すばらしい合唱を披露していました。

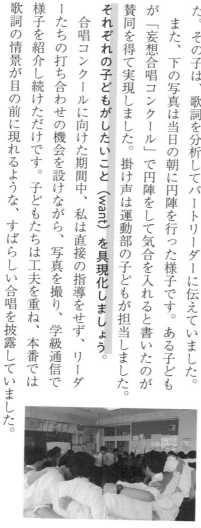

歌が苦手な子の自尊心を奪わない

①できないことを責めない

合唱練習で声の出ていない人を探して責める場面が見られます。自尊心を傷つけるだけなので止めましょう。学校行事は歌唱の技能を磨く場ではありません。曲の中で音を出しやすい部分や視線や表情の工夫を紹介し、歌うのが苦手な子でも参加しやすくしましょう。

②賞を獲ることに満足しない

数年前、合唱コンクールで銀賞となった翌日に、一人の保護者から手紙をもらいました。その手紙の中には、次のような言葉が書いてありました。

> 合唱、銀賞おめでとうございます。六組の合唱だけです。感動して、涙が出そうになったのは…って言うか涙出てました。

結果を軽視するわけではありません。結果も、過程も大切です。しかし、賞を獲るという結果よりも、もっと大切な結果があるのです。**子どもたちの本気は、人を感動させます。**

22 修学旅行・宿泊研修

ON

関係づくりと楽しむことを重視する

◯ 旅行・集団宿泊的行事のねらいとして「楽しむ」ことが間違っていないと理解する

◯ グループ編成に幅をもたせる

◯ レクやミニゲームを多用する

OFF

些末なルールの指導や細かな事務的作業は省く

× 必要か疑問が残るような細かなルールを決めて、守らせるための指導に労力を割かない

× 「修学旅行のしおり」の子どもの反省に対して、コメントを旅行中には書かない

関係づくりと楽しむことを重視する

①楽しませることは悪くない

修学旅行や宿泊研修について「学校行事なのだから楽しむことより学習が大切」という考えがあります。**ただの観光旅行にしてはいけないものの、楽しむことをねらいにするのは、何の問題もありません。**なぜなら、学習指導要領の解説には旅行・集団宿泊的行事のねらいについて「校外における集団活動を通して、教師と生徒、生徒相互の人間的な触れ合いを深め、楽しい思い出をつくることができる。」※1とあるからです。

②距離を縮める活動を取り入れる

子どもたちが触れ合い、旅行を楽しむためには、不安に感じる要素を軽減・解消する必要があります。代表格は、バス・電車の座席と部屋のメンバー決めではないでしょうか。

私の場合は、バスなどの座席については学級での裁量が大きいことを生かして、何パターンも座席を決めて、頻繁に替えます。席替えと同じく、頻繁に替えると不安が減るものです。そして、バスレクを積極的に行って楽しい時間になるように工夫します。例えば、二年前の修学旅行では、レク係と一緒に内容を考えて、次のようなゲームを行いました。

誰でしょうスリーヒントクイズ／のど自慢／難読漢字クイズ／道路標識クイズ／インタビュークイズ／ビンゴ（手作り・世界遺産・都道府県・クラスメート）／絵しりとり／何時にホテルに着くでしょうクイズ／誰がしおりを読んだかクイズ／似顔絵リレー／紙テープ破き／紙テープ風船リレー／風船テープはがし／伝言ゲーム（ジェスチャー・指文字・口パク・背中文字／熊が出た！／じゃんけん馬レース／心理テスト／なぞなぞ／早口言葉

ガイドさんが話す時間以外は、常にレクです。飽きるほど遊び、子ども同士の仲が深まるようにします。旅行中のバスという「密室」は、新しい関係をつくる絶好の機会です。

部屋については、学級ごとの割り当てが決まっているので、担任一人ではどうしようもない部分があります。学年団で相談し、部屋の人数に幅をもたせると楽になります。

修学旅行の前には、関係づくりの活動を行います。例えば、構成的グループエンカウンターの「目の見えない彫刻家」[※2]や、ミニゲームの「ウインクキラー」[※3]がお勧めです。

子どもが旅行前に「このメンバーで不安があったけど、やっぱり楽しく旅行にいけそう」

と思える機会や、旅行中に「不安だったけど楽しかった」と思える機会をつくりましょう。

些末なルールの指導や細かな事務的作業は省く

旅行・集団宿泊的行事では、すべての子どもが楽しむ前提として安全の確保が不可欠です。万が一の緊急事態の対応に注力するために、ルールをつくりすぎないようにしましょう。旅行中は業務が普段以上に多いので、細かな生徒指導に労力を使う必要はありません。

また、修学旅行のしおりを就寝前に回収し、翌朝までに担任がコメントを書くことがありますが、時間がもったいないのでやめることを勧めます。旅行中はコメントを書くよりも、実際に子どもと会話して、子どもの健康状態や成長の様子を捉えましょう。

旅行中はmustな仕事を徹底するために、本当にshouldなことかどうかを見極めて、すべきことを精選しましょう。無駄を削いだ分、wantな活動にエネルギーを注ぎます。

※1　『中学校学習指導要領（平成29年告示）解説　特別活動編』二〇一七年
※2　吉澤克彦編著『エンカウンターで学級活動12か月　中学校3年』明治図書、二〇一〇年
※3　ウインクキラーは、インターネット上に何パターンかルールが載っています。私の場合、「主犯者」役は一円玉で決め（例えば「昭和」だと主犯者、「平成」だと一般市民）、ウインクされたら額に一円玉を貼るアレンジを加えます。

23 行事の準備と教師の心構え

ON

行事の達人の力を借りる

○その道の達人の力を借り、過去のデータを活用する
○校外の人と積極的に連携する
○ＩＣＴを活用する

OFF

行事のために時間を浪費しない

×行事の下請けのような活動で学活の時間を無駄にしない
×教員として儀式に真剣に参加するために、他の業務はしない

ON 行事の達人の力を借りる

①学校行事の達人の技を盗む

学校行事では、普段の学級経営とは異なるコツがあります。そこで、学校行事の準備期間には同僚の指導を積極的に見学し、意図を理解して技を盗むことを勧めます。

例えば、私は初めて担任として合唱コンクールを迎えた時、隣の学級の練習をよく見学しました。その担任の先生は、音楽の専門家なのに技術的な指導はパートリーダーに任せて、練習の間は教室の掃除をしていました。実は、技術的な指導は練習の開始前にリーダーに伝えていたのです。担任が表に立たずに、リーダーの活躍の場をつくって花をもたせるように工夫していました。意図を聞いて感服し、私もずっとまねをしています。**技を盗む時には、行動の裏にある意図や教育哲学を探りましょう**。形だけの模倣は無意味です。

②積極的に外部につながる

職場体験や清掃ボランティアのような勤労生産・奉仕的行事は、校外の人との関わりが前提となるため、ＩＣＴ活用との相性が抜群です。そもそも、一つの集団の成員すべてがＰＣを持ち、クラウドサービスを利用できるという点で、学校はかなり恵まれた状況に変わりました。準備段階からオンラインで校外の人と連絡を取り、成果をアプリでまとめ、公式ホームページやＳＮＳで広く発信することが容易にできます。**子どもたちが創造性を発揮できるようにＩＣＴを活用し、校外の人たちとつながる機会を確保しましょう。**

これまでは、生徒指導の視点から「他校生や知らない大人と関わらない方がよい」と話すこともありました。これからは逆です。積極的に外とつながって協働する時代です。

行事のために時間を浪費しない

①学活の時間を行事の準備に浪費しない

私が行事の準備で特に気を付けているのは、行事のために時間を浪費しないことです。時間の浪費とは、次の三つの意味を込めています。

- 行事の準備時間を浪費せず、子どもたちにとって必要で効果的な準備をする
- 行事の準備ばかりに学活の時間を浪費せず、日常の学級活動を充実させる
- 行事の当日の時間を浪費するような雑務は先に済ませる

一点目の行事の準備時間を浪費しないのは、当たり前のことです。私が大切にするのは、二点目の学活の時間の浪費と、三点目の当日の時間の浪費をしないことです。

学活の時間を浪費しないとは、学活の時間を行事の準備に割きすぎないことです。体育大会の選手決めや修学旅行の部屋決め、生徒会（児童会）発案の卒業生へのメッセージ書きなどに学活の時間を使うと、学級会やキャリア教育などの本来の学級活動に支障が出ます。学活の五十分（小学校は四十五分）を丸ごと行事の準備に使い、残った時間は読書や自由遊びなどということは避けましょう。逆に、行事の準備が朝の会や昼休みにできないか検討すべきです。また、ＩＣＴの活用が行事の準備の時短につながります。例えば、Google クラスルームで準備の内容を告知し、Google フォームで希望をとると効率的です。

②行事の最中に雑務をしない

時間の浪費の三点目は、行事の本番で別の仕事をしないことです。例えば、始業式の時に、体育館の隅で宿題を点検するようなことは避けましょう。子どもたちは先生方の様子をよく見ています。式の最中に別の事務的な仕事をすると、厳粛な雰囲気に水を差し、行事を軽視するような誤ったメッセージを発信してしまいます。**私たち教員が子どもと同じように真剣に行事に参加することで、行事の特別な雰囲気が醸し出されます。**

24 学級通信

ON

担任だからできる発信をする

○ 担任だからできる情報発信の媒体として、発行方針・記載内容・通信の形式にこだわる

○「読まれて待たれる」学級通信を目指し、学級づくりの柱として機能させる

OFF

誰でもできる発信はしない

× 連絡済みの事項の転載は混乱を招くので掲載しない

× 内容の薄い学級通信を発行して、保護者の時間を奪わない

× ICT活用で代替できるなら、印刷して配布するのをやめる

担任だからできる発信をする

①学級通信を want の仕事にしてこだわり抜く

学級通信は必須（must）の仕事ではありません。しかし、担任としての責任感や他の先生が出しているという圧力から、推奨（should）の仕事として重荷になっている場合があると思います。私は、**学級通信を学級経営の柱として活用することで、通信づくりを大好きな仕事、希望（want）の仕事にしています。** 学級通信で私がこだわるのは次の三点です。

- 納得を生む発行方針（ポリシー）…発行目的の明示で待たれる学級通信にする
- 学級づくりの柱となる内容（コンテンツ）…成長の方向性と成果を記録する
- 最適化を意識した形式（レイアウト）…誰もが読みやすい形にする

②学級通信を工夫する三つのポイント

保護者に発行を待たれるような通信づくりの工夫を具体的に紹介します。一点目は、発行方針です。私の場合、学級通信の第一号で発行目的と一年間の発行予定を示します。発行予定を載せるのは珍しいと思いますが、年間指導計画を基にすると作成できます。子どもと保護者が見通しをもてるようにします。

　二点目の工夫として、学級通信に載せる情報を精選します。基準は、**担任として「書くに値する」と納得できることと、子どもや保護者が「読むに値する」と納得してもらえることです**。具体的には、学校行事や学級活動のねらい、成長の姿や期待する姿、担任の考え、学級に関する子どもや保護者の意見に絞ります。

　三点目に読みやすさの工夫として、レイアウトや見出し、写真の使い方を工夫します。下は、実際の学級通信の一部です。学級の時間に入試の願書を記入した様子を紹介しています。手のアップの写真と見出しで、入試に臨む子どもの緊張感が伝わるようにしています。

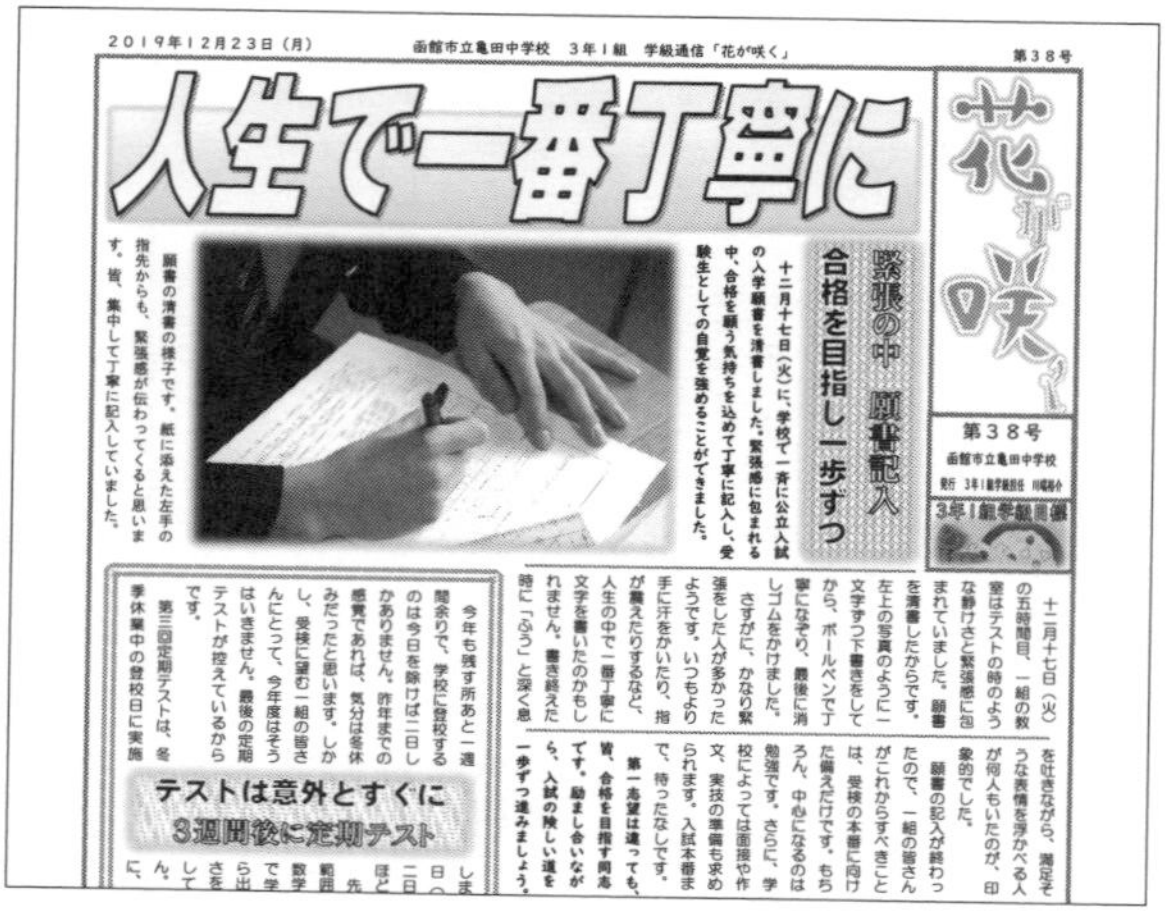

2019年12月23日（月）　函館市立亀田中学校　3年1組　学級通信「花が咲く」　第38号

人生で一番丁寧に

花が咲く

第38号
函館市立亀田中学校
発行　3年1組学級担任

緊張の中　願書記入
合格を目指し一歩ずつ

十二月十七日（火）に、学校で一斉に公立入試の入学願書を清書しました。緊張感に包まれる中、合格を願う気持ちを込めて丁寧に記入し、受験生としての自覚を強めることができました。

願書の清書の様子です。紙に添えた左手の指先からも、緊張感が伝わってくると思います。皆、集中して丁寧に記入していました。

　十二月十七日（火）の五時間目、一組の教室はテストの時のような静けさと緊張感に包まれていました。願書を清書したからです。左上の写真のように一文字ずつ下書きをしてから、ボールペンで丁寧になぞり、最後に消しゴムをかけました。

　さすがに、かなり緊張をした人が多かったようです。いつもより手に汗をかいたり、指が震えたりするなど、人生の中で一番丁寧に文字を書いたのかもしれません。書き終えた時に「ふう」と深く息を吐きながら、満足そうな表情を浮かべる人が何人もいたのが、印象的でした。

　願書の記入が終わったので、一組の皆さんがこれからすべきことは、受検の本番に向けた備えだけです。もちろん、中心になるのは勉強です。さらに、学校によっては面接や作文、実技の準備も求められます。入試本番まで、待ったなしです。

　第一志望は違っても、皆、合格を目指す同志です。励まし合いながら、入試の険しい道を一歩ずつ進みましょう。

テストは意外とすぐに
3週間後に定期テスト

　今年も残す所あと一週間余りで、学校に登校するのは今日を除けば二日しかありません。昨年までの感覚であれば、気分は冬休みだったと思います。しかし、受検に臨む一組の皆さんにとって、今年度はそうはいきません。最後の定期テストが控えているからです。

　第三回定期テストは、冬季休業中の登校日に実施

誰でもできる発信はしない

①丁寧さが負担やミスを生む

学級通信に時間割や提出物、行事の案内などの事務連絡を載せることは勧めません。子どもや保護者は何を見ればよいか混乱し、記載ミスが起こりやすくなるからです。私の場合、誤解や偏見を招かないように、個別の生徒指導事案も載せません。また、書く側も読む側も時間が奪われるので、毎日学級通信を発行することは避け、週一回に抑えています。

学級通信は、善意や責任感で自主的に行う仕事の代表格です。**「よかれ」と思って行うことが業務を圧迫してミスやトラブルを誘発しない**ように、内容も頻度も厳選しましょう。

②ＩＣＴ活用で代替できることは通信に載せない

ＩＣＴの活用が広がると、プリントを印刷せずにデータ配信で済むようになります。他にも、日程はカレンダー機能、提出物の締め切りはリマインダー機能が紙よりも便利です。

これまで以上に、学級通信を発行する意義が問われます。保護者の心をつかむような学級通信の具体例については、もしよろしければ拙著※1を参考にしてみてください。

※１　川端裕介『豊富な実例ですべてがわかる！　中学校クラスが輝く３６５日の学級通信』明治図書、二〇一八年

25 電話対応

ON 電話の目的を明確にする

◯ 電話をかける時は must の内容に絞る

◯ 電話を受ける時は、「主訴」と背景にある願いを捉えて、着地点を共有する

OFF 電話で自分と相手の時間を奪わない

× わざわざ子供をほめる電話をかけない

× 電話でカウンセリング的な内容やクレーム対応をがんばりすぎない

電話の目的を明確にする

①電話をかける必要性を意識する

教員をしていると、保護者から要件の予想がつかない電話が来た時にドキッとします。ただ、それは保護者も同じです。電話は緊急の連絡手段です。また、対面で話す場合と異なり、電話だと相手の感情を推測しづらいというデメリットがあります。そこで、学校から電話をかけるのは、次の二つの条件を満たす場合に絞るべきです。

・電話をかけるほどの緊急性がある
・相手に情報を確実に提供したり、意向を確認したりする必要性がある

一点目は、内容の緊急性です。通話中は相手の行動が制限されます。電話をかける前に、**保護者の時間を奪うほどの緊急性がある話**かどうか、判断するようにしましょう。

二点目は、電話であることとの必要性です。学校でのケガや体調の悪化、生徒指導に関する相談など、**電話以外の方法では連絡が難しい場合のみ**、電話連絡を選びましょう。

②ゴールイメージを共有する

電話対応で難しいのは、子どもに関する相談をする場合です。特に、保護者から相談が寄せられた場合は、通話の中で次の二点をつかむようにしましょう。

- 「主訴」は何か…保護者が要望として自覚している訴えを捉える
- 背景にある願いは何か…保護者が無自覚または隠している願望を捉える

一点目の主訴とは医療や介護の用語で、患者や利用者が最も伝えたいことを意味します。この発想を学校に生かし、保護者が学校に要望として伝えたいことを捉えましょう。

二点目に、主訴の背景にある保護者の願いを捉えましょう。例えば、保護者から指導に対するクレームの電話が来た場合、その**背景には自分の子どもの育ちに関する不安や、成長への願いが隠れている**かもしれません。その願望を捉え、子どもの成長のために学校と家庭が協力できる方法を提案しましょう。そうすると最初は怒っていた保護者が、最後は電話口からも笑顔になっていることがわかるほどに変わる場合があります。電話連絡の中で、教員と保護者の間で子どもの成長というゴールイメージの共有を目指しましょう。

OFF 電話で自分と相手の時間を奪わない

①ほめるために電話をかけない

時折、子どものよい行動を保護者に伝えるために、電話をかける教員がいます。わざわざ電話を使ってほめる必要がありません。私たち教員に置き換えれば、もし土日や夜に管理職から自分をほめるために電話が来たら、喜びより違和感を抱くはずです。

良い内容の電話で保護者と関係を築きたい気持ちはわかりますが、それはこちらの事情です。代わりに一筆箋を使うか、直接会う時までほめるのを待つかしましょう。

②電話で粘りすぎない

電話対応が上手くいかない場合、電話の切り時に迷います。電話相談については、カウンセリングやコーチングの技法が使いづらいので、顔を合わせる方法に切り替えましょう。

また、生徒指導に関わる事案で「校長を出せ！」と言われることがあるかもしれません。

私の場合、まずは「担任として、お子さんに関する責任を託されておりますので、私が承ります」と粘ろうとします。しかし、手に負えない内容や態度の場合は、管理職に助けを求めましょう。**電話対応では、粘りすぎて時間を浪費しない**ことが大切です。

26 個人懇談

ON
双方向性を意識して協議する

○担任の思いを話す前に、保護者の要望を聞く
○子どものゴールの姿やプロセスについて保護者と協議する
○ほめることよりほめたい事実を伝える

OFF
学校としての責任を放棄しない

×「怒っていいですから」を真に受けない
×指導の決定権を保護者に託さない
×時間の超過をそのままにしない

ON 双方向性を意識して協議する

①保護者の要望を最優先で聞く

保護者との個人懇談は、一家庭につき10～20分くらいの時間しか確保できないことが多いと思います。限られた時間の中で、担任として伝えるべきと考えることは山のようにあります。一方の保護者にも、担任へ伝えたいことがあるはずです。そうすると、時間が足りなくなって予定時間を過ぎてしまいます。懇談の内容を絞る必要があります。

保護者との個人懇談では、保護者の要望を最優先で聞くことが大切です。懇談の流れとして、最初に「お困りのことや、ぜひ学校へ伝えたいというご要望はありませんか？」と尋ねましょう。そうすると、懇談の終盤になって保護者から「実は…」と要望が出され、その回答に時間がとられるということがなくなります。

担任として伝えたいこともたくさんあるでしょう。たくさんあるからこそ、保護者の問題意識や要望に合わせて、どの話題を提供するかを判断しましょう。引き出しの中から何を出すかは、保護者の話を聞いてから決めます。**懇談を一方通行の伝達の場にせず、目指すゴールを担任と保護者が共有し、ゴールに至る方策を協議する場にしましょう。**

②評価は保護者に任せる

保護者懇談では、できるだけ子どもの良い点を伝えようとすると思います。その時には、ほめ言葉を浴びせる前にほめたい事実を優先して伝えましょう。事実を伝える中で、保護者の反応を捉えながら、評価する言葉を付け足します。例えば、次のような方法です。

「ちょっとしたことなのですが、○○さんは給食の片付けの時に、いつも茶碗にご飯粒を付けたままにせず、しかも、音が鳴らないようにそっと食器を置くんですよ。」
↓
（驚いている場合）「今驚かれたようにお見受けしましたが、家ではいかがですか？」
（反応が薄い場合）「当然と思われるかもしれませんが、自然とできるのが素敵です。」

このように、ひと言目は事実だけを伝え、反応を見て言葉を続けます。**言葉のキャッチボールというよりは投球術のイメージです。保護者のストライクゾーンを見極めましょう。**

子どもの生活に関して家庭での指導の協力を要請する場合も同じです。まずは事実を伝えて、協力が期待できるかどうかを見極めてから、具体的な相談に移りましょう。

学校としての責任を放棄しない

①学校での指導や支援の方法を決めさせない

「保護者に指導の主導権を握らせない」と言うと、保護者の関与を嫌がるように聞こえるかもしれません。しかし、**学校での指導や支援の責任は、私たち教職員にあります。** したがって、学校での指導内容や指導方法を保護者に決めさせるのは、私たちの責任を放棄することにつながります。特に、保護者の「うちの子はガンガン怒って大丈夫ですから、ビシバシやってください！」といった話は、リップサービスだと思った方が無難です。

同様に、家庭で指導する内容の決定権が保護者にあることも忘れないようにしましょう。十分に協議し、お互いの納得の上で、異なる角度から子どもに関わることが大切です。

②時間の超過を放っておかない

次の保護者が控えている時は、時間になったら話の途中でも切り上げましょう。私は「次の方との約束の時間になってしまったので、申し訳ありませんが、続きは別の日にお願いします」と話します。学校で懇談の時間を決めた以上、時間の超過を放っておかないようにすることも担任としての仕事です。時間と約束を守る意識を前面に出しましょう。

27 授業参観・学級懇談

ON

普段の良さを見せて困り感を共有する

○ 普段通りの授業を見せつつ、得意な教材で挑む
○ 具体的なエピソードを披露して困り感から共感の輪をつなぐ

OFF

担任と保護者のハードルを上げない

× 「参観日仕様」の授業をしない
× 懇談でアイスブレイクは避ける
× 懇談でのワークショップは年度の後半にとっておく

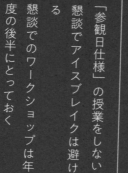

普段の良さを見せて困り感を共有する

①普段の授業を得意な教材で見せる

授業参観で保護者が見たいのは、子どもの学習の様子と教師の指導力です。そこで、子どもが活発に発言したり作業したりする場面をつくろうと考えるかもしれません。しかし、子どもが活発に発言する場面は、参観に限らず普段から大切です。保護者に「いつでも授業を見に来てください」と言えるくらい、普段の教科経営と学級経営を充実させましょう。

ただし、学級経営や教科指導が順調でも、すべての授業が上手くいくとは限りません。そこで、**授業参観では得意な教材で勝負をかけましょう**。自信があると心に余裕が生まれます。子どもは達成感を得やすく、保護者の信頼を勝ち取ることにもつながります。参観日では普段通りの授業を基本路線としつつ、「十八番」の教材をぶつける作戦を勧めます。

②子育てに関する困り感を共有する

学級懇談の難しさは、保護者同士の関係性がわからないことにあります。保護者同士が初対面の場合や、ひょっとすると過去に何かトラブルがあった場合を想定しましょう。

懇談会では、保護者の関係性に影響されずに意見を交流できるような仕掛けが必要です。

私の場合は、トークバラエティ番組の手法を取り入れます。次のような流れで行います。

①事前に「最近の困った出来事」をアンケートで子どもと保護者から集める。
②アンケート結果に合わせて、懇談でトークテーマを出してエピソードを紹介する。
③テーマに沿って、順に発言してもらう。担任はリアクションをしながら、他の保護者に「似たようなエピソードはないか」「○○さんならどうするか」と話を振る。

①の事前のアンケートは、**より具体的なエピソードだと話が弾むので「困ったこと」ではなく「困った出来事」という聞き方をしましょう**。アンケート結果については、子どもと保護者の結果のずれを取り上げると盛り上がります。①と②では、オンラインでアンケートを行ってグラフで提示し、トークテーマをスライドで示すなど、ICTを活用します。

③の場面では、リアクションは大げさにして笑顔を絶やさないと雰囲気が和みます。温かい雰囲気の中で**子育ての困り感を共有し、共感の輪が広がるようにしましょう**。

担任と保護者のハードルを上げない

①参観日用の特別な授業は誰のためにもならない

ひと昔前のテレビドラマやアニメだと、授業参観で家族をテーマにした作文を読み上げるシーンがありました。それは参観のための授業です。同様に、保護者に参加を促すような授業もやめましょう。保護者が望むのは特別に準備された授業ではなく、普段のスタイルの授業です。参観のために授業があるのではなく、授業の一環として参観があります。

普段のままの授業を行うようにすると、教員の準備の手間が増えません。また、子どもたちも普段通りの姿を見せればよいので、緊張しづらくなります。教員にとっても子どもにとっても、授業参観のハードルを高くしないようにしましょう。

②面倒くさくなるような懇談会にしない

学級懇談で避けるべきなのは、最初の懇談でアイスブレイクをしたり、保護者同士で小グループでの話し合いの場面を設定したりすることです。面倒に感じる保護者がいますし、保護者の関係に問題がある場合は「地雷」を踏むおそれがあります。保護者を仲良しにするのではなく、**同じ悩みを抱える当事者として連帯感をもってもらう**ことをねらいます。

もちろん、グループでの話し合い自体を否定するわけではありません。年度の後半になって、学級の保護者の雰囲気がつかめてきた時は、ワークショップをすると効果的です。

28 時間外の対応

ON

子どもの安全に関わる内容は急いで連絡する

○ 拙速ではなく迅速な対応をするために、組織で動くようにする

○ 学校内での協働や学校と家庭の協働を実現する

OFF

安全に関わらないことは急がない

× 持続可能性の視点から、緊急事態を除いて勤務時間外に対応しない

× 「いつでも連絡してください」は言わない

子どもの安全に関わる内容は急いで連絡する

①役割に合わせてチームで対応する

働き方改革の推進が課題となる中で、勤務時間外の対応は極力避けたいところです。しかし、**子どもの安全に関わる問題が発生した時は、時間外であるかどうかに関係なく最優先で対応し、保護者に連絡する**必要があります。具体的には、触法行為や暴力行為、いじめなどの生徒指導上の問題や、ケガや感染症などの健康上の問題が想定されます。

緊急事態に対応する場合、組織的に役割分担をすることが丁寧で迅速な対応につながります。担任が一人で抱え込まないように、次のように役割を分けるとよいでしょう。

- 学級担任…保護者との窓口として、情報収集や解決のための話し合いを行う
- 学年団…担任のフォロワーとして、支援や補完を行う
- 生徒指導主事…校内外の連絡・調整役として、生徒指導の方向性を示す

学校には「生徒指導（危機管理）のさしすせそ」という言葉があります。「最悪を想定

し、慎重に、すばやく、誠意をもって、組織的に対応する」という意味です。保護者への緊急連絡が必要な混乱した状況の中で、担任一人で最適解を導き出すことは困難です。協働の発想を取り入れ、拙速に事を運ばずに、チームとして迅速に行動するようにしましょう。

②次の緊急な要件への布石を打つ

保護者へ緊急の連絡をする時は、学校から一方的に話すのではなく、保護者の意向を聞いて考えを受け止めることが大切です。『生徒指導提要』には次のような説明があります。

> 問題は簡単には改善されないため、保護者と教員双方に焦りや苛立ち、無力感、将来への不安などが存在することになります。「だれが取り組んでも難しい」ことを認め合い、責め合わず、様々な人々の力を借りながら根気強く問題に取り組んでいくことが重要になります。※1

私たちは労働者として勤務時間があります。しかし、**保護者の立場に「時間外」はありません。その立場の違いを理解し、保護者へ寄り添う姿勢を心がけましょう**。学校内の協働に加え、保護者とも協働する形ができると、緊急事態への対応がより強固になります。

安全に関わらないことは急がない

①「できるから」と言って急がない

子どもの安全に関わる内容以外は、思い切って時間外に連絡を取らないという姿勢を貫きましょう。連絡であれば、電話ではなく手紙や連絡網アプリで代替できるはずです。

逆に保護者からの電話については、学校の留守番電話が普及したので減少しているかもしれません。ただし、保護者懇談で勤務時間外の希望が出ることは依然として多いのではないでしょうか。その時には「別の機会に」と懇談を断るか、懇談以外の方法を提案しましょう。なぜなら、次年度以降も時間外の要望が続くからです。**保護者対応では、持続可能性の視点を取り入れて、今できることではなく、ずっとできることを大切にしましょう。**

②相手の時間も意識する

保護者の働き方が多様になり、連絡がつく時間はバラバラです。だからこそ、緊急事態を除いてはＩＣＴを活用して、柔軟に連絡をやり取りできる仕組みを取り入れましょう。「いつでも電話をください」などとは、リップサービスでも言ってはいけません。

※１　文部科学省『生徒指導提要』教育図書、二〇一一年。

29 教室での事務的作業

ON

コミュニケーションのきっかけになる作業をする

○ わざわざ教室ですべき仕事の基準をもって精選する

○ 子どもとコミュニケーションを図りながら事務作業を進める方法がないか模索する

OFF

後で仕事が増えるような作業をしない

× 学級経営や生徒指導の問題が起こるようなことはしない

× 朝読書や給食などの活動中に事務作業をしない

× 事務作業が必須の仕事でなければ、わざわざ増やさない

コミュニケーションのきっかけになる作業をする

①教室ですべき事務作業は限られる

担任としての仕事は多岐にわたりますが、教室にいる時間帯ではどのような優先順位で進めるべきでしょうか。優先度を考える基準になるのは、次の三点です。

- 教室で行っても問題のない仕事かどうか
- 教室に子どもがいる時にすべき仕事かどうか
- 子どもに対する教育的な効果があるかどうか

この三点から考えると、教室で行うべき事務作業は、ほとんどなくなります。**教室は事務作業の場ではなく、子どもと接する場であるという原則を忘れてはいけません。**

②コミュニケーションのきっかけにする

わざわざ教室ですべき事務仕事は限られます。しかし、担任の抱える仕事の多さを考えると、教室にいる内に事務的な作業を進めたいというのが本音でしょう。そこで、事務作業の中から**子どもとコミュニケーションをとるきっかけになる仕事を見つけましょう。**

例えば、中学校では生活記録ノートがよく用いられます。子どもが提出し、担任が点検をしてコメントを書いて返却するという流れが一般的です。私の場合は、回収をせずに、登校したら机の上に開いて置かせるようにします。そして、スタンプを押しながら言葉でコメントをしていきます。文字を書く手間を省きつつ、ノートの内容をきっかけにコミュニケーションを図るようにします。朝の時間が短くて全員分にコメントができない時は、クラスの半分は口頭でコメント、残り半分は回収して文字でコメントと分けていました。

そうすると、教室の中を担任が歩き回りながら、点検業務をこなしつつ、子どもたちと話ができます。このように、教室だからこそできる事務作業の方法を考えましょう。

後で仕事が増えるような作業をしない

①「話しかけないでオーラ」を出さない

休み時間に担任が教室で事務作業をしていると、子どもは「先生は忙しそうだ」と感じて、話しかけづらくなります。けっして「話しかけないでオーラ」を出してはいけません。

また、相談事がある子どもが勇気を振り絞って担任に話しかけたのに、事務作業をしながら目を合わせずに聞こうとしたら、「やっぱりいいです」と相談をやめるかもしれません。いつでもできるような事務作業を優先したために、後になって重大な問題が起きることは避けなければいけません。職員室でもできることは、教室で行う必要がありません。

②活動の軽視に見える仕事をしない

朝読書の時間に提出物を確認したり、給食時間にノートを点検したりする先生がいますが、勧めません。読書や給食を軽視しているように見えるからです。

子どもが朝読書の時間にテスト勉強を始めたり、給食時間に「ながら食べ」をしたりした時に、指導が難しくなります。**目先の仕事を片付けることに夢中になると、後々の指導で苦労する状況を生む遠因になります**。先を見通して仕事の順序を決めることが大切です。

③必須ではない仕事を過剰に増やさない

先ほど生活記録ノートの例を出しましたが、実はコメントを書くこと自体がいらない仕事かもしれません。また、子どもに書かせる必要もないかもしれません。

今の勤務校では学校としては生活記録ノートを取り入れていませんが、特に支障はありません。教室で子どもたちが見ている中で、事務作業をしなければいけない状況の時は、「この仕事はそもそも必須なことなのか」という視点から精選することが大切です。

30 職員室での事務的作業

ON

自分に指示をして制限時間内に作業する

○「希少性」の視点を生かして事務作業をする

○仕事の見通しをもって、「5分で文書作成」など、授業での作業や指示と同じように自分に指示する

OFF

時間の読めない作業を先にしない

×優先順位を考えずに、目の前の仕事から順番にこなそうとしない

×テストの解き方のように、時間の読めない作業から取り掛からない

自分に指示をして制限時間内に作業する

①時間の希少性を理解する

職員室での担任業務は、各種書類の作成や点検などが中心です。一つ一つの作業時間が短くても、種類や量が多いと山のような仕事になります。結果的に、書類の処理などの「しなければいけないこと」に時間を奪われます。その影響で、子どもの指導や支援の方法を考えたり、教材研究をしたりするような「したいこと」の時間を確保できなくなってしまいます。ちょっとした仕事の積み重ねがジャブのように効いて多忙感を生みます。

事務作業の削減は、働き方改革を進める上で不可欠です。しかし、担任一人の力ではどうしようもないこともあります。そこで、私は社会的な見方・考え方の**「希少性」の視点を生かして、事務作業を選択・配分します**。具体的には、次のような押さえです。

・選択…希少性があるために、生産や消費の場面で行動を選択する
・配分…希少性があるために、限られた人的・物的資源を効率的に配分する

事務作業の場合は、特に時間の希少性が課題になります。限られた時間をどのような順序で、どのくらいずつ配分するかという視点をもって仕事に取り掛かりましょう。

②授業のように作業の時間を配分する

事務作業の時間配分をする時に使えるのが「自分に指示を出す」方法です。私たちは、授業で子どもに対して指示を出す時に「問一を五分以内に解きましょう」や「話し合いの時間は七分です」などと時間の目安を伝えます。授業時間は有限なので、時間内にゴールするためには、枠を決める必要があるからです。

同様に、私たちの勤務時間は有限です。特に事務作業に充てることができるのは、空き時間や放課後のわずかな時間しかありません。そこで、例えば「保護者懇談の資料を十五分以内に作ろう」や「五人分の所見を放課後の一時間で書き終えよう」など、制限時間を決めて作業をすることを勧めます。その方が、集中して作業することができます。もし時間内に終えることができなかったら、次に同じような仕事をする時に修正をかけます。

時間の読めない作業を先にしない

①時間の重みは状況で変化する

希少性の考えで留意すべきなのは、テレビで取り上げられた商品が品薄になるように、希少性が状況によって変化することです。時間に対する感覚は、状況によって変わります。例えば、長期休業中と普段の空き時間では、三十分の重みが違うはずです。

だからこそ、余裕のある時にこまごまとした仕事を進めておくと、後で楽になります。受験勉強や定期テスト対策と同じく、見通しをもって計画を立てることが大切です。

②テストの対策法を仕事術にする

事務作業には見通しが大切とはいっても、急に仕事を振られることがあります。また、締め切り間際にならないとやる気が出ないのは、子どもも私たちも同じです。

そこで、時間に追われている時には優先順位の選択が重要です。私は、**テストを解くコツのように、時間の読めないことは後回しにして、すぐできることから取り掛かる**ようにしています。「すぐできる」と判断する基準は、経験のある仕事との類似性です。テストでは解いたことがある問題だと解き方がすぐにわかり、短時間で答えを導き出せます。仕事も同じで、経験のある事務作業だと使う時間の目安を立てやすいので、優先してこなします。このように、使える時間を一分でも多く生み出す工夫をしてから、時間のかかりそうな作業に取り掛かるようにします。そうすると、仕事全体に費やす時間を減らせます。

31 道徳の評価、総合の評価

ON

子どもがニヤリとする評価をする

○ 子どもが納得したり満足したりする評価の文章にする

○ 普段の学習の中で、評価につながる姿を捉えて「評価のスクリーンショット」を撮り、「評価のブックマーク」をつける

OFF

評価をコピペしない

× 文例をそのまま書いたり、他の子どもの評価をそのまま別の子どもに使ったりしない

× プルダウン形式で評価の文を選ばない

子どもがニヤリとする評価をする

①子どもが驚きながらも納得できるように評価する

通知表（あゆみ）の所見は担任の負担が大きい業務の一つです。行動の所見に加え、道徳や総合でも文章による評価があるので、通知表の時期は年間を通して多忙感があります。

確かに時間がかかりますが、私は通知表向けに道徳や総合の評価を書くのが楽しみでした。それは「**子どもがニヤリとするような評価をする**」という思いをもちながら、文を書いていたからです。一部を改変していますが、道徳の評価の実例を紹介します。

> 友人と意見をやりとりしながら、表面的な理解にとどまらずに教材の登場人物の言葉と行動の意味や背景にある考え方や心情に思いをはせる姿勢が見られました。教材「二通の手紙」では相手にどんな事情があっても、その相手の安全や幸せのためにきまりを守ることが大切であると気づき、法やきまりの意義について考えていました。

一文目がいわゆる「大くくりの評価」で、二文目が具体的な教材に沿った評価です。子どもが通知表を受け取った時に「ああ、先生はあの時のことをこう認めてくれたのか」と、驚きながらも納得できるように心がけています。総合的な学習の時間の評価も同じです。

②普段からブックマークをつけておく

普段から「通知表に使える」と判断できる内容に目星をつけておきましょう。**スクリーンショットを撮ったり、栞（ブックマーク）をつけたりするイメージです**。

道徳の授業中や総合的な学習の時間の中で、子どもが輝く瞬間を探しましょう。見つけたら、忘れないうちにメモをとってデータで整理すると、通知表の時期が楽になります。

評価をコピペしない

①コピペやプルダウンでは評価の効果がない

文例集を見ながら評価を書く場合には、「どのような視点や表現で書くか」を参考にしましょう。「何を書くか」を参考にしてはいけません。それは、**評価のコピペ**です。

子どもがレポート作成でインターネットの情報をコピペしたり、本の内容を書き写したりしても、私たち教師が満足できる内容にはなりません。子どもは「コピペでよいのだろうか」と躊躇しながらも「わからないから仕方ない」と開き直っているのかもしれません。

通知表の道徳や総合の評価も同じです。教師が「何を書けばよいかわからないから仕方ない」と文例集をそのまま写しても、通知表を読んだ時に子どもの心には響きません。

また、文例の中から、ある子どもの評価に引用できそうな例を探そうとすると、意外と時間がかかります。レポートでネット検索をしても、検索に時間がかかるわりには良い内容にならないのと同じです。書く内容を盗まずに、書き方を学ぶようにしましょう。

学校によっては、何種類かの文の中からプルダウンで評価を選ぶ仕組みにしているかもしれません。その方法は評価の手間を省きますが、評価の効果を著しく下げます。子どもや保護者に「何これ？」と思われたり、読み飛ばされたりする可能性が上がります。

②時短でコスパを下げない

働き方改革として、コピペやプルダウンを推奨する風潮があるかもしれません。しかし、それらの方策は「コスパが良い」ように見えて、実際にはコスパが下がります。

なぜなら、文章での評価を書くというコストは減っても、子どもが納得するような評価を書くという成果（パフォーマンス）が得られなくなるからです。**どれだけコストを下げても、成果がなければ無駄な仕事になります**。結果的に、費用対効果は下がります。短い時間で無駄な仕事をするくらいなら、倍の時間かけても意味のある仕事をすべきです。

32 所見

ON
にこりとさせる所見にする

○ 成長の確認になるように、ベストエピソードを所見の型に合わせる

○「担任日誌」の記録を活用し、学習評価と同様に、生活面の情報を普段から集めておく

OFF
所見で指導しようとしない

× 欠点を指摘して指導しようとしない

× 重要ではないと思われるような行動を取り上げて終わりにしない

ON にこりとさせる所見にする

①「やっぱりここか」と思わせる

通知表の道徳や総合的な学習の時間の評価では、「子どもをニヤリとさせる」内容を意識します。一方、生活や行動に関する所見では「子どもをにこりとさせる」ことを意識しましょう。その違いは、次の通りです。

・道徳や総合では「ニヤリとさせる」…子どもが気付いていない成長を評価する
・所見では「にこりとさせる」…子どもが成長を自覚している点を改めて評価する

所見では、学級での生活に関わって、すでに価値づけていることをあらためて評価するようにします。所見は子どもの成長の発見ではなく、子どもの成長の確認のために活用しましょう。数か月間の学校生活の中で、その子にとってベストといえるようなエピソードを取り上げて、学校で決まった所見の形式に整えましょう。そうすると、所見を読んだ子どもや保護者は「先生はわかってくれている」と感じ、にこりと笑顔になるはずです。

②「担任日誌」を活用する

私は退勤前に、一日の仕事を振り返って記録を残すようにしています。子どもが学級日誌を書くように、**学級担任として「担任日誌」を書く**イメージです。ただし、学級日誌のように日付でページを分けるのではなく、子どもでページを分けます。ノートの見開きごとに担任する子どものページをつくり、ノートの右側には成長を感じたことを書き、左側には生徒指導上の課題を書きます。毎日数名ずつ、内容を書き足していきます。**学習評価の資料を蓄積するのと同様に、生活面に関する情報を普段から集めておきましょう**。

所見を書く時には、そのノートに書き溜めた内容を使うと、「書けない」と手が止まることがなくなって、時間もかかりません。私の場合は、学級全員の所見にかかる時間は、三〜四時間ほどです。紙に記録をとっていましたが、データ化するとさらに短縮できます。

所見で指導しようとしない

①所見での指導は遠回りで誤解を招く

ある子どもに対して、もっとがんばってほしい点を所見で書きたくなる気持ちはよくわかります。特に、担任として指導に悩んでいる子どもの場合はなおさらです。

しかし、所見で生徒指導をしようとするのはやめましょう。生徒指導は、適切なタイミングで面と向かって適切な言葉がけをすることで効果をもちます。所見で生徒指導をしようとすると、長期休業前という行動変容を確認できないタイミングで、文字による指導という方法を取ることになります。遠回りをした指導となるため、効果が期待できません。逆に、子どもや保護者に誤解や不満を招き、今後の指導が難しくなるおそれがあります。

②細かすぎることをほめない

所見では、子どもの具体的な姿を紹介しようとした結果、ささいな内容を書いて終わることがあります。それは、数か月間の成長に関する評価として、適切ではありません。

例えば、「○○さんは、教室の電気を消す係をいつも忘れずに行っており、自分の仕事に責任をもち、きちんとやり遂げようとする姿勢が見られました。」という所見を読んで、子どもや保護者は喜ぶでしょうか。「そんなことしか書くことがないのか」と思うのではないでしょうか。そもそも、電気を消すことを係にする必要があるのかという点でも疑問が残ります。**担任の見る目や学級経営について疑念をもたれるような所見は避けましょう**。所見は、多くても年に三回しか書きません。子どもの成長を適切に評価するための貴重な機会であるという認識の下で、子どもと保護者が納得できるような内容にしましょう。

33 文書・ワークシート作成

ON

希望する活動をテンプレート化する

◯ 学活や総合でしたいことは、企画書をつくるような意識で早い時期に文書をつくる

◯ ワークシートをシェアして、同僚を巻き込むようにする

OFF

必要な文書を一から作らない

× 必須の仕事に関する文書や、詳しくない分野の文書は、一から自分で作ろうとしない

× いつも誰かのデータをもらうだけの人にならない

希望する活動をテンプレート化する

①want な仕事を学活で実現する

校種や職場で差がありますが、学活には、内容を学級の裁量で決めることができる時間があります。また、集会や学年として決まった内容が早く終わり、すき間の時間ができる場合もあります。そのような自由な時間には、ぜひ担任として「してみたい」と思っていた活動を実施しましょう。学活は、希望（want）の仕事を実現しやすいはずです。

②企画を出して周りを巻き込む

希望する活動を担任する学級だけで行うと、他の学級の子どもが不公平感をもつおそれがあります。そこで、**「してみたい」と思う活動を行う時には、良い意味で周りを巻き込むこと**が大切です。学校は良くも悪くも前例踏襲を重視する文化があります。一度企画したことが学年や学校で採用されれば、次年度も継続する可能性が高くなります。

私の場合は、略案やワークシートを早い時期に用意して、学年の同僚や他学年の主任に見せて「今度、自分の学級でこんな活動をする予定なのですが、よかったらどうですか？」と提案します。私は企業に勤めた経験がありませんが、企画書を出すようなイメージです。**自作のワークシートを学校のテンプレートにする**ことをねらっています。

例えば、私は今の職場に勤めて七年になりますが、一年目から作文の代わりに「はがき新聞」を使っていました。今は全学級で実施しています。職員会議で決めたわけではなく、隣の学級から他の学年へと徐々に広がりました。

また、二月には「心の中の鬼退治」という活動を行いました。冬休みの内に、下のワークシートと略案を提供しました（作品は六二頁）。実践する学級は節分の直前まで増え続け、八割の学級が行いました。ベテランの先生から「することがなくて困っていたから助かった」と言ってもらえました。

なお、職場によっては、特別活動担当の先生がいて、ワークシートを作成している場合があるかもしれません。その場合は、できるだけ早く担当の先生に企画を出す方法を勧めます。「他人の仕事に口を出してくる」と誤解されないように、企画の意図や効果と合わせて提案しましょう。

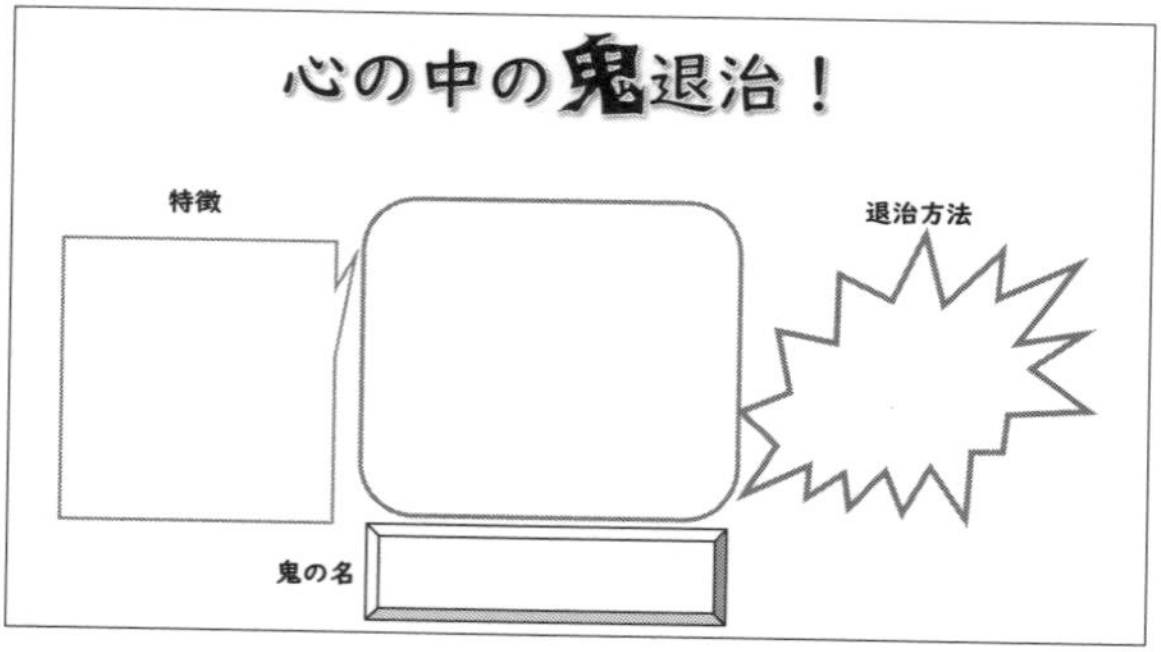

必要な文書を一から作らない

①「遺産」が必ずどこかにある

学活で新しい活動や希望する活動がない場合は、学級裁量の時間を重荷に感じるかもしれません。その時は、同僚に「来週の学活、どんなことをしますか」と聞いてみましょう。活動の内容を教えてくれるだけではなく、ワークシートをもらえる場合が多いはずです。

学校は職員間の競争がないため、他者の企画を共有しやすいという良さがあります。

また、時間割や自己紹介カードのように、分掌からのテンプレートがないものもあります。その場合は、他の先生や過去の文書を使いましょう。必須の仕事を素早く終えることができます。文書の「遺産」は必ず学校のどこかにあるか、学校の誰かがもっています。

②同僚の仕事をＯＦＦさせる

仕事の経験が浅い時には文書やワークシートのデータをもらうべきですが、仕事に慣れてきた時には、逆に渡す側になりましょう。その分、同僚の仕事がＯＦＦされます。ただし、後輩に対しては押し付けにならないように気を付けましょう。例えば「もしよかったら参考にしてください」と、相手が使用を選択できるようにすることが大切です。

34 指導要録

ON

担任としての一年間の指導を要約する

○ 要録は「一年後に書きたいこと」をイメージしながら作成する

○ 指導の改善の資料として、担任としての学級経営を振り返るねらいをもつ

OFF

事務的な仕事として書かない

× やっつけ仕事のように雑に書かない

× 感情的になって子どもを否定するようなことを書かない

× 一から文章を書かない

担任としての一年間の指導を要約する

①一年後に書きたいことを想像する

指導要録（要録）は、年度末の忙しい時期を代表する文書です。しかし、「学籍に関する記録」（様式１）は二十年間の保存が義務付けられていることからわかる通り、特別な文書と言えます。担任が記入する「指導に関する記録」（様式２）は五年間の保存で出席簿などと同じですが、進学先へ送る資料であり、慎重かつ丁寧に書く必要があります。

要録は子どもの目に触れることがないため、作成を徒労に感じる先生もいると思います。私も昔は「こんなに忙しいのに、どうして誰も見ない要録を書かないといけないのだろうか」と思っていました。しかし、今は違います。**一年後に書きたいことを想像しながら、要録を書くようにしています**。「一年後に書きたいこと」とは、次の二つを意味します。

- 進級・卒業する子どもの一年後を想像して、次年度の指導を計画する
- 指導を振り返って、新しく受け持つ子どもへの指導を計画する

②指導の改善に要録を生かす

「一年後に書きたいこと」の一点目は、来年も在学する子どもに対する指導の方向性について、要録を書きながら検討します。もし、ある子どもの成長に課題があるとしたら、指導が適切ではなかったせいかもしれません。学習評価における指導の改善の視点をもちましょう。自分が担任ではなくなっても、引継ぎの重要な資料となるように書きます。

二点目は、別の子どもに対する指導に生かします。教員を長く勤めていると、同じようなタイプに見える子どもと出会うことがあります。もちろん、まったく同じ子どもはいませんが、「今度は担任としてもっと納得できるような指導をする」という意識で子どもと関わるために、自分の指導の反省として要録を作成しましょう。

必須（must）の仕事の見方を変えることで、希望（want）の面を見いだすようにしています。このような発想の転換には、社会科における多面的・多角的な考察の方法を援用しています。物事の様々な面に注目したり、様々な角度や視野から物事を考えたりする学習指導の技を生かして、指導要録の作成に自分なりの意味をもちましょう。

OFF 事務的な仕事として書かない

①要録の所見を事務的・感情的に書かない

要録は基本的には子どもの目に触れないので、やっつけ仕事にしてしまうと、本当に無駄な作業になります。指導を振り返りながら書くよりも、淡々と書き進めた方が時間はかかりません。しかし、**「無意味だ」と苛立ちながら仕事をするより、「来年に生かそう」とワクワクしながら仕事をした方が自分にとってプラスになります**。指導要録作成という必須の仕事の中に、指導力向上という希望の仕事を見つけるようにしましょう。

また、関係が上手くいかなかった子どもに対して、批判的な内容を書いてはいけません。いくら目に触れる機会が少ないからと言っても感情的になるのはやめましょう。一年後に読み返しても恥ずかしくないように要録の所見を書きましょう。

②要録に新しいことを書かない

要録は一年間の指導のまとめという位置づけなので、新しく一から文章を書くことはやめましょう。通知表に書いた内容を要約したり、一般化したりすることを勧めます。

通知表とは違って、具体的なエピソードを書く必要がありません。例えば、思いやりを感じるエピソードを書く代わりに、「他者に対して思いやりのある言動ができる」などと、具体的な行動から判断できる資質・能力を書くようにしましょう。

35 校務分掌の業務の原則

ON

授業力と学級経営力を分掌業務に生かす

○ 教室での学級経営や教科指導のノウハウを、職員室での分掌業務に生かす

○ 管理職だけではなく、校務分掌の担当者として業務をマネジメントする

OFF

孤軍奮闘しない

× 持続可能ではない仕事の進め方をしない

× 担当が一人であっても、自助だけで業務をしない

授業力と学級経営力を分掌業務に生かす

①学級経営や教科指導のノウハウを生かすという発想をする

校務分掌は、学生の間はわからない仕事の代表格ではないでしょうか。生徒指導のように現場での経験が重要な仕事でさえ、大学で基本的な理論を学びます。一方の校務分掌は、現場に出て初めて、その大切さと難しさに気付くはずです。教務主任や生徒指導主事の責任は重大ですし、体育主任（健康部長）や進路指導主事など特定の時期に激務となる分掌が多数あります。業務に押しつぶされないように、仕事を工夫する必要があります。

第１章の「指導技術と仕事術をつなげる」（四七頁）の項目で触れた通り、**教育技術を校務分掌に生かす**ことが大切です。ポイントは、次の三点です。

- 学級経営力の発揮…職員室を学級や学年と見立てて分掌業務を行う
- 授業力の発揮…学習活動の工夫のノウハウを分掌業務に転用する
- カリキュラム・マネジメントの活用…分掌の横断を図り、人的・物的資源を生かす

②得意を生かすことで楽しく働く

一点目に、分掌業務に**学級経営の技を活用します**。「教頭は職員室の担任」と言われることがありますが、このように学級に例えると仕事をイメージしやすくなります。分掌業務は係活動に通じる面がありますし、会議には学級会や班活動のノウハウを生かせます。

二点目に、**分掌業務を進める時に授業力を発揮します**。特に使えるのが「見方・考え方」です。例えば、数学的な見方・考え方を生かして、数量などのデータを根拠にして筋道立てて考えることは、分掌業務でも大切です。また、音楽的な見方・考え方を生かして、感性を働かせながらイメージを表現する力は、分掌の企画の具現化に転用できます。私の専門は社会科なので、分掌業務に社会的な見方・考え方を生かすようにしています。

三点目に、**分掌業務をマネジメントします**。カリキュラム・マネジメントでは、教科横断的な学習や人的・物的資源の有効な活用が大切です。この発想を校務分掌に当てはめると、分掌という縦の組織で仕事を進める際に、学年という横の組織を意識して、巧みに連携することが大切だと気付きます。マネジメントは、管理職だけの仕事ではありません。

分掌業務は子どもと直接関わる業務ではないため、やりがいを感じづらい面があります。しかし、教師としての指導技術を分掌業務に生かそうと考え始めると、楽しくなってくるはずです。私たちの専門性は教室の子どもだけに通用するものではなく、応用が利きます。

孤軍奮闘しない

①来年の担当者を苦しくしない

分掌業務で避けたいのは、一人で抱えることです。私には苦い経験があります。一人で学年主任・教務主任・研究部長・卒業担任（そして部活動主顧問）を担当したことがありました。大変でしたが、充実感がありました。しかし、次年度に異動となり、後任の先生方に負担をかけてしまいました。私の働き方が前例になってしまったからです。よかれと思って一人で仕事を進めたことが、結果的にはあだとなってしまいました。**職員室には持続可能性が大切です**。負担を分割できる体制をつくりましょう。

②共助の視点を分掌業務に生かす

防災の考え方に「自助・共助・公助」があります。分掌業務では自助を重視しすぎると個人任せになってしまい、個人の負担が増える上に業務の質を下げるおそれがあります。そこで、共助が大切です。分掌業務は学校間の差が小さいので、経験者がいるはずです。**一人で抱え込まずに、職員室の仲間を頼りましょう**。きっと力を貸してくれます。

36 職員との人付き合い

ON

職域と立場を尊重して協働する

○ 相手の専門性を尊重しつつ、協働を目指す

○ 目的に応じてコーポレーションとコラボレーションを使い分ける

OFF

同僚の時間を無駄に奪わない

× 普段から余計な仕事を増やさない

× 事務への書類を締め切りギリギリに出さない

× 無理に雑談をしようとしない

× 我慢して飲み会に参加しない

職域と立場を尊重して協働する

①職員室には壁がある

学校の人的資源には偏りがあります。一般教員が圧倒的に多く、管理職はもちろん、養護教諭、栄養教諭、事務職員や用務員として働く人は少数派です。少数職種の方には教員にはない専門性があり、力を借りたいところです。しかし、仕事の邪魔をしてしまうのではないかと、お願いするのをためらったり尻込みしたりすることがあるかもしれません。

また、教員の仕事は個々の裁量権が大きく、授業や学級経営の自由度の高さに特徴があります。その影響で、教員間で「学級や学年の壁」や「教科の壁」ができて、協力ができない場合があります。職員室では多数派を占める教員ですが、孤立しやすい面があります。

②協働の二つの側面を意識する

職員の間の「壁」を壊す方法とは、飲み会を開いて仲良くすることではありません。課題の解決には、お互いの立場や専門性を尊重しながら、共通の目的に向かって各自の専門性を発揮する機会をつくることが大切です。それを、**社会科では協働と呼びます。協働には、次のようにコーポレーションとコラボレーションの二つの側面があります。**

・コーポレーション…お互いの足りないことを補うために協力して助け合う
・コラボレーション…新しいものを創造するために力を掛け合わせて高め合う

マイナスを解消するのがコーポレーションであり、プラスにするのがコラボレーションであると言えます。業務内容によって、どちらに重点を置くかを判断しましょう。

助け合い（コーポレーション）の例を紹介します。教室に収納棚がほしいと考えたとします。事務員さんに相談して既製品を注文する方法や、材料を注文して製作は用務員さんにお願いする方法、工作機械の使い方を教わって自作する方法などが考えられます。様々な解決策を洗い出して、その中から最適と思われる相手と内容を選びましょう。

また、高め合い（コラボレーション）については、少数職種の方に短時間でも授業を見てもらうことを勧めます。数年前、私は実物投影機やプロジェクターを使う際に、いちいち予備の机の上にセットしていました。その様子を見ていた校務補さんが「先生、不便でしょ？」と声をかけてくれました。相談して、壊れた机とキャスターを使った手作りの台を作ってもらいました。おかげで機器の出し入れの時間と手間を短縮できました。**立場が**

違うからこそ見えることや、教育活動から少し離れているからこそできることがあります。

同僚の時間を無駄に奪わない

①相手のスケジュールを無視しない

助け合いにしても高め合いにしても、相手の仕事の時間をもらうことになると自覚する必要があります。その分、普段から余計な仕事を増やさないようにしましょう。例えば、事務に提出する書類はできる限り早く用意して渡します。そうすると、事務員さんは早く仕事を進めることができます。子どもや保護者からの提出物と同じです。

「締め切りを守る」「感謝する」「校舎や道具を大事に使う」など、**当たり前のことを積み重ねて信頼を勝ち取りましょう**。そうすると、大切な場面で力を貸してくれるはずです。

②雑談よりも仕事の対話を重視する

学校では、同僚や少数職種の方との会話が大切だと言われます。その通りですが、雑談だけだと相手の時間を奪います。仕事に関する対話をしましょう。酒席が苦手なら、「飲みニケーション」を無理に行う必要もありません。話す内容とタイミングが大切です。

職場の同僚は、友達ではありません。仲間として、仕事を通して関係性を築きましょう。

37 報告・連絡・相談

ON

報連相をしやすい雰囲気づくりをする

○ 職員室の中に支持的風土をつくって、一人一人が心理的安全性を感じることができるようにする

○ 学年や分掌内での報連相を丁寧に行う

OFF

自己満足の報連相をしない

× 組織の連絡系統を無視して報連相を行わない

× 一人で抱え込まず、一人で何度も同じ報告をしない

× 子どもを嘲笑するような報告をしない

報連相をしやすい雰囲気づくりをする

①支持的風土のある職員室にする

教職員全員がチームとして教育活動を行うためには「報告・連絡・相談」（報連相）を迅速かつ確実に行って、情報を共有することが欠かせません。ただ、情報共有を徹底するためには、報連相をする側の意識よりも、報連相をしやすい関係と環境をつくることが大切です。特に相談は相手への信頼や職場の雰囲気によって、相談しやすさが変わります。心理的安全性※1を誰もが実感できる職場であることが大切です。

相談しやすい雰囲気をつくるのは、学級経営と同じです。学級で子どもに関わるトラブルが起きた時に、担任が子どもに「どうして相談しなかったの！」と責めるよりも、子どもが相談しづらい関係や環境ではなかったかと反省するのと同じ感覚をもちましょう。**学級にも職員室にも、支持的風土を醸成することが大切です**。

②報告と連絡が相談につながる

職員室に支持的風土があり、教職員が心理的安全性を感じることができるようにするのは、管理職だけの役割ではありません。私たちにできることがたくさんあります。学校には校務分掌や学年団、教科部会など様々なチームがあり、私たちは複数のチームに所属します。そして、学校全体を動かす権限はなくても、チームの中で連絡や提案をする権限があります。だからこそ、まずは学年内や教科内、分掌内の報連相を徹底しましょう。国際的な問題に関する「Think Globally. Act Locally.」の発想と同じです。**視座を高くしながら、手の届く範囲のことを着実に進めていきましょう**。

報連相の中でハードルが高いのは、相談です。相談しやすい雰囲気づくりのためには、報告と連絡を積み重ねて、チーム内の風通しをよくすることが大切です。特に、主任や教科代表などのリーダーが失敗を含めた情報を積極的に他のメンバーに伝えるようにしましょう。失敗を恥ずかしいと隠さずに、伝え合える関係性を目指します。すると、自分の課題も解決してほしいと感じることができるような職員室の雰囲気に変わっていきます。

自己満足の報連相をしない

①無計画に報連相をしない

報連相は、組織の連絡系統に沿って行うことが必要です。例えば、緊急性の低い生徒指導事案が起きた時に、学年の担当者に報告する前に、個人的に親しい人にだけ連絡したり、いきなり管理職に相談に行ったりするのは避けましょう。情報の目詰まりが起こって、他の重要度の高い業務に支障が出る可能性があります。また、学年団の同僚にとっては、自分たちを飛び越えて話が進んでしまうため、不信を招きかねません。担任する子どもの保護者が直接管理職へ電話をしたら、担任としてはもやもやした気持ちになるのと同じです。

他にも、学級で起きたことを担任が学年の同僚一人一人や管理職に何度も報告することは時間の浪費です。緊急時を除き、学年や分掌の代表に伝えれば十分です。報連相は、組織内の情報の偏りをなくしてチームとして教育活動を進めるために行います。**抱え込むのはよくありませんが、自分の心の安定のためだけに他者の時間を奪うことも避けましょう。**

②子どもを嘲笑しない

子どもに関する報告をする時に、ほほえましいエピソードを紹介することは大切です。しかし、子どもの失敗を嘲笑するようなことはやめましょう。雰囲気を悪くします。学校の教育活動における問題の責任は学校にあります。子どもや家庭に責任転嫁してはいけません。子どもをばかにすることは、ブーメランのように自分たちに返ってきます。

※1　「心理的安全性」については、提唱者のエイミー・C・エドモンドソン氏の著書（『恐れのない組織―「心理的安全性」が学習・イノベーション・成長をもたらす』英治出版、二〇二一年）に基本的な考え方がまとめられています。

38 各種部会（参加者として）

ON

やり方とあり方の両方にこだわる

○ 指導案検討のように、ねらいと方法のつながりを意識する

○ 行事などの実施の検討に関わっては、特定の子どもをイメージしながら、シミュレーションをする

OFF

一方通行の会議にしない

× 会議に出席して聞くだけで終わらない

× 提案の一方的な説明をしない

× 他者を論破しようとしない

やり方とあり方の両方にこだわる

①指導案検討のノウハウを生かす

教務や生徒指導などの分掌部会は、今の多くの学校では職員会議以上の重要性をもつと言えます。多くの職場で、職員会議は以前のように侃々諤々の議論をする場ではなく、変更点の連絡や実施上の注意事項の確認の場に変化しています。だからこそ、提案者任せにせずに、分掌部会で提案内容を議論することで、皆の意見を反映するようにしましょう。

分掌部会では、前例踏襲に陥らないように「how」と「why」の二つの問いをバランスよく出すようにしましょう。どのように実施するかという「how」ばかりだと、些末な内容を話し合うことに終始してしまうおそれがあります。一方、なぜ行うのかという「why」ばかりだと観念的な議論に終始して何も生み出さないままに時間が過ぎるおそれがあります。**分掌で担当する活動のねらいを共有した上で、ねらいの実現に最も効果的な方法を議論しましょう。分掌業務の「やり方」と「あり方」の両方にこだわることが大切です。**

その際に役立つのが学習指導案を検討する手法です。指導案で学習目標と学習展開のつながりを意識するのと同じように、分掌で取り組む活動のねらいと方法を検討しましょう。

②子どもを思い浮かべて提案や発言をする

分掌部会は、職員会議に比べると少人数で発言しやすい雰囲気だと思います。それでも、若い内や異動したてだと遠慮してしまうかもしれません。発言するためには、提案内容についてて具体的なイメージをもつ必要があります。経験が少ない場合は、イメージをもてずに発言しづらくなります。しかし、聞くだけでは出席をしても参加したとは言えません。

そこで、**行事や活動に臨む子どもの姿を具体的に思い浮かべましょう**。例えば、子どもに予告のない避難訓練をするとしましょう。急に大きな音が鳴るとパニックになってしまうAさんや、頻繁にトイレに行くBさんのことを思い浮かべると、心配な点に気付きます。その心配を口に出すことで、計画を修正したり、支援体制を整備したりできます。主任や提案者よりも子どものことを知っている立場だからこそ、出せる意見があります。

一方通行の会議にしない

①聞くだけの人にならない

分掌部会で他のメンバーの提案や議論を聞くだけになるのは、良いことではありません。授業でのグループの話し合い活動で、遠慮して発言しない子どもがいたら、プラスになららないのと同じです。

特に、質問や懸念事項は「自分だけがわからないのかもしれない」と思わずにどんどんと出すことを勧めます。事前の議論を丁寧に行うことで、管理職に相談する時や職員会議の場で想定外の指摘をされる可能性が減り、分掌として企画したことを実現できます。

②言いっ放しにしない

分掌の中で自分が提案する立場の場合、ひたすらに説明をした結果、他のメンバーから質問が出ないことがあります。それは、説明が的確だったのではなく、説明が長すぎて要点がわからなかったり、時間が押してしまって発言する気がなくなったりしているだけかもしれません。説明だけではなく、「～の箇所を昨年と変更したので、ご意見をいただけますか」など問いかけを入れるようにしましょう。授業と一緒で、問いが大切です。

また、他者の提案に対して質問や意見を述べる時には、持論を述べて終わりするのは避けましょう。正論であっても、ぎすぎすとした雰囲気になってしまいます。目指すのは論破ではなく、対話です。参加者全員にとって、集まって話し合った意味を実感できるような会議を目指しましょう。**分掌部会では、聞きっ放しも言いっ放しも避けて、和やかな雰囲気の中で本音を出し合い、双方向性のある議論をすることが大切です。**

39 各種部会（主任として）

ON

グループ活動型・学級会型の部会にする

○議論の柱を明確にして、説明事項と協議事項を峻別する

○オンラインと対面のハイブリッドにすることで効率化する

○部会の最中は、きちんと話を聞く姿勢を貫く

OFF

ミニ職員会議にしない

×提案者が一方的に説明して終わりにしない

×質問者が持論を独演会のように語り続けるようにしない

×時間を延長しない

ON グループ活動型・学級会型の部会にする

①オンラインと対面のハイブリッドにする

主任や部長として分掌部会や学年部会を開く側に回った時に、最初にすべきなのは効率化です。**社会科の「希少性」の視点を生かし、限られた時間と労力を重要なことに集中します。**私は分掌部長や学年主任だった時には、Microsoft Teams を使って部会のオンライングループを作り、資料を事前にアップして質問や意見を書き込むようにしていました。文書の修正が必要な場合は、共同編集機能を使うこともありました。そうすると、対面での部会の最中には、検討事項や大きな変更点などに議論の柱を絞って集中した話し合いができます。議論の柱を明確にするのは、学級会やグループ活動での話し合いと同じです。

このように、読めばわかることは部会では話題にせず、生の声が必要なことだけに集中することで、部会の時間と回数を大幅に減らすことができました。様々な学校事情があると思いますが、勤務時間外はもちろん、休憩時間に会議を入れないことが大切です。職員会議や校内研修のように多くの教員が参加する場合は、一人の力で変えるのは簡単ではありません。だからこそ、自分がリーダーを務める分掌から働き方改革を進めましょう。一つの学年や分掌から始まった波は、必ず学校全体に広がります。

②聞く姿勢のモデルとなる

分掌部会の時にリーダーとして意識するのは、聞く姿勢です。学級では、子どもに対して「話している相手を見て、うなずくなどの反応をしながら聞きましょう」と、聞く姿勢の指導をするはずです。**聞く姿勢をつくることで話す側には安心感が生まれ、聞く側は集中できるからです**。聞く姿勢の指導は、グループ活動や学級会などでの話し合いの基本ですが、この発想を分掌部会にも生かしましょう。

子どもに聞き方の指導をしているにもかかわらず、会議で発言者を見ずにずっとＰＣの画面を見続けたり、資料に目を落とし続けたりするのは避けたいものです。特に、リーダーのふるまいは会議の雰囲気に大きな影響を与えます。そこで、主任や部長として率先して発言者の話を真剣なまなざしで聞くようにしましょう。話を聞くことに集中するためにも、資料をオンライン上で共有して事前に目を通せるようにすることが効果的です。

ミニ職員会議にしない

①悪い職員会議のようにしない

分掌部会や学年部会を「ミニ職員会議」にすることは避けましょう。提案者が資料に書いてあることを一方的に説明したり、質問者が延々と持論を述べたりするような会議だと、「集まった意味があったのだろうか」と内心思いながら、疲労感だけがたまります。

特に、学校の会議はプレゼンテーションのようなスライド資料ではなく、Wordや一太郎で作られた提案文書が一般的です。その文書の説明を聞くだけの時間は、教科書の解説だけで進む授業を受けるのと同じくらい苦痛です。**「会議に参加した意味があった」と思えるように、報告中心ではなく議論を中心とした部会にしましょう。**

②部会を延長しない

学級会の原則の一つに、予定時間を守ることがあります。事前に終了予定時刻を示すことで議論が脱線することを避けられるからです。授業も同じです。チャイムが鳴った後に続けると「僕たち（私たち）には時間を守るように言うのに、先生は守らない」と思われて、子どもの信頼を失いかねません。時間は限りある資源であるという意識が大切です。

学級会や授業と同様に、分掌部会や学年部会も時間を超過しないことが大前提です。中学校の場合は、可能であれば空き時間に部会を設定することを勧めます。次の授業を意識するからか、参加者の時間に対する意識が高まり、短時間で内容の濃い会議になります。

40 職員会議への提案

ON

提案を一つだけ変える

○ 多角的に考える方法の一つとして、視座を変えて提案内容を改善する

○ 提案を確実に通すために、事前に「根回し」をして賛同者を増やす

OFF

非生産的な提案や話し合いをしない

× 前例を踏襲しただけの内容を提案しない

× 提案に対して感情論を振りかざす意見に流されない

× 一部の人の極端な発言だけで内容を決定しない

提案を一つだけ変える

①視座を変えて提案を改善する

職員会議は議題が多く、一つの提案に十分な議論の時間を確保するのは難しいと思います。大幅に内容を変えると先の見通しが立たなくなるために混乱が生じます。反対意見も増える可能性があります。一方で、前年度と変わらない内容のまま、日付と担当者だけ変えて提案しても停滞を招きます。そこで、前年度から一点だけ改善した内容を提案しましょう。「一つだけ」と縛りをつくることで「ここぞ」という部分に目が向きます。**改善点を発見するには、多角的に考察する技が効果的です。**多角的に考える場合には、視点の変化と視野・視座の変化がありますが、次のように視座を変えましょう。

- 虫の目…視座を低く、近くして詳細を見る
- 鳥の目…視座を高くして俯瞰して見る
- 魚の目…視座を遠くして動きを見る

例えば、虫の目であれば、学校行事の提案の時に子どもの動きを具体的に想定し、教職員の配置や動きを考えましょう。私の経験ですが、自校給食の場合は栄養教諭の先生が調理室の綿密な動線計画を立てます。そのノウハウは、行事の動線づくりの参考になります。また、鳥の目であれば、提案のねらい自体を変更するなど「あり方」に注目して改善します。そして、魚の目であれば、昔と今の学校の状況を比較します。伝統として続いている教育活動が、今の子どもたちのニーズと合致するかという視点で改善点を探りましょう。

すべての提案で一点ずつ改善を図れば、全体としては学校の教育活動は大きく変わります。視座を変えながら、小さな一歩を大切にして学校を変えていきましょう。

②必要に応じて根回しをする

提案をする時には、同僚や管理職と相談をしながら文書を作成しましょう。「根回し」と言うと印象がよくありませんが、**事前に意向を確認することで提案を修正できます**。

また、急に変更点を提案すると、感情的に反発して議論が現状維持の方向になびくことがあります。先手を打っておくと、賛同者を増やすことができます。特におすすめなのは、職員室で堂々と相談をすることです。自然と他の先生方の耳に入ることで、提案に関する「観測気球」を上げる効果があります。学校を変えるには、したたかさが必要です。

非生産的な提案や話し合いをしない

①「例年通り」で教育的な効果を下げない

他の業務に追われた結果、職員会議で提案する活動が例年通りの内容になることがあります。しかし、楽をして前例を踏襲しても効果は期待できず、生産的ではありません。

授業では、同じ教材でも年度によって指導を変えます。中学校のように複数の学級を担当する場合は、学級の実態によって発問や展開を調整します。職員会議で提案する教育活動も同じです。**子どもの実態に応じて、今の学校ができる最善の内容を提案しましょう。**

②感情論に流されない

職員会議で提案をした時に、感情的な反対意見が出ることがあるかもしれません。一部の人の極端な意見に流されるのは、民主的とは言えません。社会科でいうと「手続きの公正さ」を欠いています。また、感情論は建設的な議論を妨げるため、プラスになりません。

そんな時は「変更点の効果と課題について、まだ発言していない先生はどう思いますか」と全体に振りましょう。これは、学級会で子どもがヒートアップした時に、議論からの脱線を防ぐために使う言葉です。職員会議でも、助け舟を出してくれる先生がいるはずです。

41 担当業務の実施の前後

ON

主体的な学びの視点を取り入れて業務を進める

◯ 学習のように見通しと振り返りをする

◯ 担当者として他の教職員に説明をしたり意見を求めたりする場合には、要点を示す

OFF

受け身な姿勢の業務はしない

× わかりきったことを説明しない

× 文書の内容を全部説明しようとしない

× 担当行事に関するアンケートをいつまでも待たない

主体的な学びの視点を取り入れて業務を進める

①業務のねらいと段取りを明確化する

学習において子どもたちは課題意識と見通しをもち、手立てを調整しながら学ぶことで、目標へ到達します。いわゆる「主体的な学び」です。**分掌業務を進める際には、次のように「主体的な学び」の視点を取り入れて、担当業務のゴールや段取りを意識しましょう。**

①学習の見通しをもつ→担当する業務にかかる時間や労力の目安を出す
②目標（評価規準）を確認する→担当業務のねらいや意義・ゴールを明確にする
③評価基準を作成する→業務の「大成功」「成功」「失敗」の基準をつくる
④課題を把握する→過去の事例や類似する事例から業務遂行の課題を洗い出す
⑤課題解決への方法を計画する→課題を解決して目標を達成する方法を具体化する
⑥進捗状況を把握して修正する→業務の実施前や実施中に適宜変更を加える
⑦終了後に成果と課題を確認する→子どもの姿と教職員の動きから振り返る

このような流れを意識すると、業務の計画から反省までの見通しが立ち、他の業務との関連を意識できるようになります。また、文書を作ることや当日の動きだけに注力するようなことがなくなります。一時間の授業だけではなく、単元全体の構造に注目するように、学校の教育活動全体の中で担当する業務が果たす役割に注目しましょう。

②他の教職員へは要点を示す

校務分掌の担当者として他の教職員に注意事項を説明する時には、要点を絞りましょう。子どもたちに対して学習でつまずきやすいポイントを説明するのと同じです。

また、学校行事では実施後のアンケートを用意するのが一般的です。アンケートについては、担当者が特に意見をほしい部分がわかるように設問を立てましょう。その方が、次回の活動を行う時の参考になります。

行事などのアンケートでは、例えば「ねらいを十分に設定できたか」という設問が見られます。その際に「できた」「できない」だけではなく、具体的な子どもの姿を書いてもらうようにしましょう。形だけの振り返りを防ぐ効果ができます。研究授業の事後研で子どもの姿を通して議論する方法を生かします。**校務分掌では書類の作成など事務的な作業に目が行きがちですが、学習指導や研修のノウハウを生かせる場面はたくさんあります。**

受け身な姿勢の業務はしない

①同僚を受け身にさせない

担当業務について他の教職員へ説明をする時に、**講義型授業のように一方的に説明しないようにしましょう**。担当者として力を入れている点やトラブルが起きやすい点、他の教職員に力を貸してほしい点などを強調しましょう。また、オンラインの連絡掲示板で伝えた内容を復唱する必要もありません。説明をしすぎると、聞き手の意欲は下がります。

②アンケートの集計をのんびりと行わない

行事の場合は教職員向けのアンケートをとることが多いですが、十分な回答数が集まらない場合があります。しかし、集計期間を長くすることは勧めません。行事の記憶が薄れるからです。回答を受け身の姿勢で待つ必要はありません。情報処理は素早く行います。

オンラインのアンケートフォームを活用すると、集計の手間がかかりません。さらに、「速報版」として集計期間の途中経過を紹介すると、アンケートの回答率が上がります。アンケートの考察には時間をかける必要がありますが、考察の基になるデータはできるだけ早い段階で公開した方が、それぞれの先生が主体的に考えるきっかけになります。

42 管理職への提出文書

ON

過去の遺産を有効活用する

◯ 定型のある書類については、過去のものを積極的に活用する

◯ 管理職に文書の点検をお願いする際には、重点的に見てほしい箇所を伝える

OFF

管理職の状況や役割を考えずに書類を出さない

× 相手の忙しい時期に仕事を頼まない

× 誤字脱字や表記のゆれの点検など、誰でもできることを管理職にお願いしない

過去の遺産を有効活用する

①定型文はまねをする

管理職に提出する文書は、通知表や指導要録などの重要書類の他、校長名で発出する案内文書、点検を必要とする学級通信など多岐にわたります。その中で、案内文書のようにひな形の決まった書類については、必ず「過去の遺産」を使いましょう。様式が決まっているので、一部の書き換えで十分です。一から作って負担を増やさないようにしましょう。

また、学級通信や学年通信については、私は力を入れているので一から作成しますが、こだわりがない場合は過去の遺産を活用するのも手です。自分の意思に関わらず、学校事情で通信を発行しなければいけない場合もあるはずです。学級や学年の実態に応じて、変えるべき箇所と過去の内容を踏襲する箇所を見極めましょう。過去の発行時に管理職の点検を通っているはずなので、管理職にとっても負担軽減になります。

②点検のポイントを考える

事務的な文書を除いて、管理職に書類を提出する時には、特にチェックしてほしいポイントを伝えることを勧めます。例えば、通知表の所見の内、ある子どもの内容に自信がない時などに、不安を正直に伝えます。

評価の視点を絞るという学習評価におけるノウハウを、点検される場面で使いましょう。

そうすると、管理職としては評価すべき点が明確になって点検がしやすくなります。

管理職の状況や役割を考えずに書類を出さない

①月末に管理職へ書類を出さない

管理職、特に教頭先生は教育委員会などへ膨大な書類を提出する仕事があります。その書類の多くが、月末の締め切りです。その状況を理解せず、月末に私たちが書類の点検などをお願いすると、管理職の業務を圧迫してしまいます。月末に書類を提出するのは止めましょう。急ぎではない要件での相談なども避けたいところです。

管理職に限らず、職場の人間関係を良好に保つためには、相手の都合を考えることが大切です。「教員として子どもたちには自分の都合を優先せずに相手のことを考えるように指導するが、自分自身は配慮できているだろうか」と自問するようにしましょう。

②管理職に誤字脱字や表記のゆれを点検させない

通知表や指導要録などの重要な文書は、学年→教務部→教頭→校長と点検を重ねることが一般的です。その際に、点検者によって表記に対する基準が違い、どれ（誰）に合わせればよいのかわからなくなる時があります。例えば、「身に付ける」と「身につける」や「〜と共に」と「〜とともに」などは、人によって基準があいまいなことがあります。それは、点検の手順が適切ではありません。特に管理職は、細かな表記をチェックするというより、本来は記載内容の妥当性を判断する役割があります。保護者が気にしないようなことを何重にも点検するのは、労力の無駄です。

そこで、事前に教務部で表記に関する基準を定めるようにしましょう。管理職には基準の妥当性を点検してもらいます。表記のゆれについては基準表を作成・配布した上で、PCで校閲や置換をすれば簡単に統一できます。**学習評価と同じで、基準を先に定めて公開することが大切です**。

事前に基準を決めることで、教務部では誤字・脱字や表記を点検し、管理職は内容を点検するという役割分担ができるようになります。評定などの重要な情報は、何人もの目を通して点検することが大切ですが、他の内容については同じことを何度もチェックする必要性を感じません。それよりも多面的・多角的なチェックをすることで、適切な表記と内容の文書になるのではないでしょうか。

43 部活の原則

ON

部員と学校にとって持続可能な部活動にする

○ 教育課程外の部活動が抱える構造的な課題を理解する

○ 顧問を引き受けた場合は、公平で負担が少ない部活動に改革する

OFF

負担を強いる活動はしない

× 顧問が軍隊の司令官のようにふるまうような指導はしない

× 顧問が活動の選択権を独占しない

× 勝利至上主義に基づいた過剰な要望を受け入れない

部員と学校にとって持続可能な部活動にする

①顧問になって部活動を改革する

中学校の教員にとって負担感の強い業務の代表が部活動ではないでしょうか。働き方改革の推進やスポーツ庁による「運動部活動の在り方に関する総合的なガイドライン」（平成三十年）によって、以前よりは負担が軽減されました。しかし、部活動の構造的な課題は依然として残っている学校が多いのではないでしょうか。その課題とは、次の二点です。

・教育課程外の活動にもかかわらず、子どもと保護者、そして学校の期待が大きい
・教育課程外の活動であるために、顧問と部員に対して十分な支援がない

部活動は教育課程に位置付けられていないからこそ歯止めが利かず、顧問任せになってしまう面があります。その一方で、**教育課程外のために組織的な支援がないにもかかわらず、学校の伝統のように部活動に力を入れている場合もあります。**そして、競技や演奏の経験のない部の顧問となり、苦しい思いをすることがあります。私自身、競技経験のある

部の顧問になったことは一度もありません。主顧問ではなかった年も、通算で三年間だけです。決して喜んで引き受けているわけではありませんが、「他に引き受ける方がいないなら、責任をもって顧問になります」と、管理職からの要請に毎年応えています。格好をつけているわけではありませんが、泥をかぶることが必要な時もあります。

ただし、せっかく部活動を担当するからには、多くの先生が「この部活なら引き受けてもよいかな」と思えるような部活動を増やしたいと考えています。**上からの改革を待つだけではなく、自分の力で部活動のあり方を変える気持ちを大切にしています**。それは、子どもにとって「この部なら参加しやすい」と思える部活動改革にもつながります。

②持続可能な部活動のイメージを明確にする

部活動改革のために、**持続可能な社会の視点を生かします**。持続可能な社会は『中学校学習指導要領（平成二十九年告示）解説　社会編』では次のように定義されています。

> 将来の世代のニーズを満たすようにしながら、現在の世代のニーズを満たすような社会の形成を意味している。

部活動に関しても、世代間のニーズの差を考えることが大切です。特に、保護者やベテランの教員は過酷な練習を経験し、成功体験がある世代です。部活動に対する期待が子ども以上に高い場合があります。**世代間や地域間の公平、男女間の平等などを意識しながら、顧問も部員も保護者もある程度の満足ができる部活動のあり方を模索しましょう。**

負担を強いる活動はしない

①軍隊的な指導をしない

部活動は教育課程外ではありますが、学校の教育活動の一環です。だからこそ、学級経営や教科指導のノウハウが有効です。逆に、軍隊のように顧問がすべてを決めて部員に従わせるような指導はやめましょう。子どもの心身の負担が大きくなって、子どもを苦しめます。また、自分が異動した後には後任の顧問を苦しめることになります。

②勝利至上主義にとらわれない

顧問として「勝つために練習を増やしたい」という欲が出ることがあるかもしれません。保護者から同様の要望が出ることもありますが、勝利至上主義から脱却しましょう。練習量の増加ではなく質的な改善をして、子ども主体のホワイトな部活動を目指しましょう。

44 練習量

ON

引き算と逆算の発想で練習をする

○ 引き算の論理を取り入れて練習を厳選する
○ 部としての共通目標を決める
○ ゴールをイメージして、ゴールから逆算して練習計画を立てる

OFF

練習の足し算はしない

× 朝練や長時間練習はしない
× 一斉の練習だけにしない
× 辛い練習のシェアはしない
× 効率を求めすぎて教師がプログラムした練習をしない

逆算と引き算の発想で練習をする

①目標について合意形成を図る

部活動の練習では、何を削って何を残すかという引き算の発想をもちましょう。その際、削減内容の判断を顧問が独断で下すのではなく、部員たちと相談しながら決めることで、自治的な部活動になります。**学級活動の視点を取り入れて、合意形成を大切にしましょう。**

判断基準は、部の目標によって変わります。勝利だけが目標ではありませんが、全国大会を目指す強豪チームもあるでしょう。また、スポーツや音楽に親しむことを優先する部もあるはずです。**学級目標を定めるように、部としての共通目標を定めましょう。**

②子どもによる練習計画を立てる

部の共通目標を決めた後には、目標に対する今の部活の課題を明確にします。そして、課題の克服に向けて練習計画を立てましょう。家庭学習計画のようなイメージです。

特に、大会やコンクールの日程から逆算して計画を立てることを勧めます。それは勝利至上主義によるものではなく、引退の時期をゴールにするからです。**理想的なゴールに向けて必要な練習を子どもが自分で判断できるように、顧問として支援をしましょう。**

練習の足し算はしない

①練習量を重視しない

つい最近までは、部活動では長時間の練習や朝練が当たり前でした。「自主練習」の名のもとに、昼休みに練習する部もありました。練習をむやみに足すことはやめましょう。

今は部活動のガイドラインが普及し、量より質に目が向くようになりました。勉強と一緒で、必要性の低い練習をダラダラと行うよりも、課題に合った練習を短時間で集中して行う方が効果的です。**時間の希少性と体力や集中力の有限性を意識させましょう**。もちろん基礎練習は大切ですが、みんなできつい練習に取り組んで辛さを分かち合うことで、競技力が向上するわけではありません。苦しみをシェアさせてはいけません。「連帯責任」として叱るのも同じです。分かち合うべきなのは、苦しさではなく喜びです。

また、競技によりますが、全員が同じ練習メニューに取り組む時間を減らすことで練習の質が向上します。私はバスケットボールとバドミントンの顧問の経験しかありませんが、どちらでも「課題練習」の時間を設けていました。**子どもが自分の課題と考える練習を選択して取り組む時間を確保しましょう**。

課題練習は、個別最適な学習の発想と共通します。一律の内容の授業や宿題だけでは、十分な学習効果を得られません。部活動の練習も、競技や演奏の基礎やチーム戦術に関する練習は共同で行い、個々の技術の習得などは個別に行うようにすることを勧めます。

②プログラム済みの練習はしない

短い練習時間で成果を出すことは大切ですが、無駄を排除した練習メニューを顧問が用意することは勧めません。無駄をなくすのは、顧問だけではなく部員の役目にもすべきです。子どもたちが相談し、試行錯誤しながら自分たちで練習を工夫するようにします。教師がプログラムを用意するのではなく、**プログラミング的思考を部活動の練習計画に取り入れて、子どもたちに任せましょう**。その方がわくわくしながら練習に取り組めます。

また、リラックスできる場にすることも大切です。例えば、私が顧問をするバドミントン部では、練習の開始時と終了時のストレッチの時に、周囲の仲間と雑談をしています。人によっては不真面目な態度に見えるかもしれません。しかし、雑談を通して体と一緒に心の緊張もほぐすというねらいがあります。もちろん、適当なストレッチで済ませないように注意し、体を伸ばす時に深く息を吐くことなどの基本は守らせた上で、ゆったりとした時間が流れるようにしています。仲間と親しくなることは、部活動の大切な目的です。

45 技術指導

ON

問うことを通して指導する

○ 子どもが目的意識を具体化するために、発問のノウハウを生かす

○ 技術に関する問いを重ねて、子ども自身が分析の視点をもてるようにする

OFF

顧問一人で一方的に教える指導はしない

× 子どもに手取り足取り教えない

× 競技や音楽などの専門性を無理して磨こうとしない

× 他者の力を借りずに一人で顧問をしようとしない

問うことを通して指導する

①発問の技術を生かして問いをもたせる

学校の部活動は、プロのアスリートや演奏家を育成するわけではありません。しかし、全国大会を目指す子どもから遊びの延長のように考える子どもまで、目的意識は幅広いはずです。そして、子どもは部活動の自分なりの目的を自覚しているわけではありません。

そこで、問いが効果をもちます。まずは「部活を通してどのようにパワーアップしたいですか」などと問いかけます。子どもはゴールをイメージできるようになります。**授業のように、考えたいと思わせる発問をしましょう**。さらに、「目標を実現するためには、いつまでに何をできるようにしたいですか」と問うことで、計画を立てる意識が生まれます。

②視点を変えるためにアドバイスをする

競技や演奏の細かなプレーについては、技術を教える前に子どもに問いかけるようにしましょう。例えば、「今日の練習のどこが気になりましたか」「どこを見てプレーをしたら上手くいきますか」、「素晴らしいプレーだけど、どう工夫したのですか」などと、問いを重ねましょう。このように**教えるよりも問うことで、子どもは自分の頭で考え始めます**。

やがて子どもは、教師の発問を参考にして、自分で問いをもつことができるようになります。さらに、自分のプレーや練習について分析する力が身についてきます。顧問が専門的な内容を頭に入れて細かく教えるのは、負担がかかります。問いをもつと、教師の負担が減ると同時に、子どもが主体的に練習に取り組むようになります。

顧問一人で一方的に教える指導はしない

①専門家になろうとしない

顧問の多くは、競技の専門家ではありません。専門分野ではない競技や音楽、美術で何かを教えても、十分な効果が期待できるとは思えません。教育の専門家として授業をしても、すべての子どもたちに学力を保障するのは至難の業です。部活動なら、なおさらです。

私もかつては、保護者や先輩から「もっとバスケを勉強してほしい」や「バドミントンの研修を受けませんか」などと言われました。競技の本やＤＶＤを何万円分も購入し、用具も自分でそろえて練習しました。しかし、今はそこまで専門性を磨こうとは思いません。

今は、専門家と子どもをつなぐことを大切にしています。今、私が担当する部には地域のクラブチームの指導者の方や元同僚、競技の経験がある保護者など、様々な人がコーチやお手伝いで顔を出してくれます。相談しながら練習に取り組んでいるので、指導のズレや問題はありません。**自分ができるようになることも大切かもしれませんが、できる人とつながることはもっと大切です**。子どもたちに専門的な指導を受ける機会を保障することになるからです。また、手伝いに来てくれている人や上手な選手に技術的な質問をすれば、わざわざ本やDVDで勉強する必要もありません。自然と競技の知識が豊富になります。

②部活動を「人質」にしない

顧問をしていると「○○さんは宿題をしていないから練習に参加させない」という指導を見ることがあります。部活動は子どもが希望するものなので、宿題という必須の活動をこなした上で参加するというのは一理あります。しかし、**部活を「人質」にするような指導は、学習の意義を軽んじることになるため、できるだけ避けましょう**。

また、問題行動をした生徒に対して「部活動に迷惑がかかるだろう」と指導する例も見聞きします。かつては非行防止の観点から部活動が推奨されたことがありました。しかし、部活動をおどしのようにすると、引退後に反動から問題行動が噴出するおそれがあります。何より、学校生活も部活動もギスギスとしたものになってしまいます。スポーツや音楽の楽しさを実感してストレスを発散できるように、楽しい部活動を目指しましょう。

46 個人研究の原則

ON

「なぜ」と「どのように」を往還する

○子どもが学習をするように、教員として研修をする
○研究を進める時は「なぜ」と「どのように」を自問自答する

OFF

子ども不在の研究をしない

×目の前の子どものことを考えないで研究を進めない
×外部での発表を前提とした研究をしない
×研究の失敗を恐れない

「なぜ」と「どのように」を往還する

①子どもが学ぶように教員として学ぶ

教育公務員には、研修権が保障されています。研修権が認められているのは、子どもに学びの機会をつくる仕事だからこそ、教員自身も学び続ける必要があるからだと私は考えます。また、研修とは研究と修養の二つの側面があり、次のように捉えることができます。

- ・研究…特定のテーマに関する知識・技能や思考力・判断力・表現力を磨く
- ・修養…先哲の実践や教育論、教員としての知識を得たり、品性を磨いたりする

このように、子どもが資質・能力（知識・技能、思考力・判断力・表現力、学びに向かう力・人間性等）を高めるのと同じように、教員としての研修を進めましょう。

②自分に問うことで研修を深める

全教職員が参加する校内研修ではなく、個人で関心のあるテーマについての研修を進める場合には、子どもに対する問いかけを、自分自身に向けることを勧めます。特に大切な

のは「なぜ（why）」と「どのように（how）」の二つの問いです。次のように捉えましょう。

- ・「なぜ」で目的を問う研究…子どもたちに特に身につけさせたい資質・能力や、学校のあり方、指導法の目的などに焦点を当てる
- ・「どのように」で方法を問う研究…教科指導や生徒指導、学級経営などから特定のテーマを選び、目の前の子どもに効果的な指導や支援をする方法に焦点を当てる

「なぜ」に対する答えには、教員としての理念が影響します。また、「どのように」に対する答えには、目の前の子どもや学校の実態が大きく影響します。例えば授業研究の場合は、同じ指導案であっても学級によって学習展開を調整する必要が生じます。

「なぜ」だけを追い求めると理念に偏り、目の前の子どもたちに対する学習効果が下がります。逆に「どのように」だけを重視すると方法論に偏り、表面的な活動だけで子どもの資質・能力が育成されないおそれがあります。どちらか一方に偏るのではなく、「なぜ」と「どのように」を往還することで、骨太の実践になります。私たち教員は、実践者です。現場で研究を進めるためには、理念と方法論を組み合わせる意識が大切です。

「なぜ」と「どのように」を問い続けながら「何」を研究するかを考えると、追究する価値のあるテーマになります。私の最近のテーマは「子どもも教員も納得する評価」です。

子ども不在の研究をしない

①研究者ができる研究をしない

私たちが大学教授のように独自の理論を提唱したり、海外の研究を取り入れたりするのは勧めません。なぜなら、**現場で研究をする最大の強みは、子どもがいることだからです**。現場の問題意識を研究の構想に生かし、研究成果を子どもにフィードバックしましょう。そうすると子どもが変わり、授業や学級経営、生徒指導に自信がもてるようになります。

②良い結果を目指さない

個人で研究する場合、成果を求めたくなる気持ちが出てきますが、それは封印しましょう。論文執筆やＳＮＳでの発信ありきだと、子どものためになりません。なぜなら、外発的な動機付けが強くなると、期待する結果に合わせて子どもを誘導してしまうからです。また、研究は失敗に価値があります。例えば**有名な実践の追試が失敗した時には、原因を分析し、方法や目標を調整して粘り強く研究を続けましょう**。主体的な研究が大切です。

47 教材研究

ON

「好き」を研究に生かす

◯ 心と時間の余裕のある時に研究に取り組む

◯ 自分の好きなことを研究テーマにする

◯ ライフワークと言えるようなテーマを見いだす

OFF

調べ学習の悪い例のような研究をしない

× ブラウザで検索しない

× 著者のファンのように本を読まない

× 「公立ではできない」と実践の食わず嫌いをしない

「好き」を研究に生かす

①余裕のある時に研究する

私は、教材研究を平日の早朝や長期休業中、休日などに自宅で行います。学校以外の場所で勤務時間外に教材研究をすることには、否定的な意見があると思います。私の場合は、職務としての授業準備は勤務時間内に学校で行うように努めています。しかし、教材研究は自己研鑽のため望んですること（want な仕事）と捉えているので、自分の時間にじっくりと取り組むようにしています。創造的な仕事には、心と時間の余裕が大切です。

社会科で学習するように、**ワーク・ライフ・バランス（仕事と私生活のバランス）は大切です。それと同時に、ライフワーク（一生をかけるに値する取組）を見いだすことも大切だと考えます**。教材研究は私にとってライフワークなので、苦ではありません。個人研究は義務感を抱かずに、興味のあるテーマで好きな時間に行うことで楽しくなります。

また、教員の仕事は幅広いので、趣味として例えばトレーニングや楽器の演奏、絵画や書道、ＤＩＹなどに取り組んでいれば、そのノウハウを学校での実践に生かすことができます。業務が多岐にわたることを逆手にとって楽しく研究して、子どもに還元しましょう。

②論文から本へと広げる

教材研究や指導法の研究をする時に、関連する書籍を購入する場合が多いと思います。私は、本を買う前に論文を読むようにしています。特に、査読がある学会誌を勧めます。

論文を検索する時に便利なのがGoogle Scholar（スカラー）です。Googleの検索結果の中から学術論文と学術誌のみを表示するアプリです。J-STAGEやCiNiiでの検索結果が含まれるので、先行実践を効率的に調べる時に便利です。さらに、引用回数が載っているので信頼性の高い論文を見つけるのに適しています。

私の場合は、教科教育であれば『社会科研究』（全国社会科教育学会）、指導法全般であれば『教育学研究』（日本教育学会）や『日本教科教育学会誌』、『日本学級経営学会誌』などの論文をよく読みます。最新のものを除けばネットで閲覧できます。もっと詳しく学びたい場合には、論文の中で引用されている別の論文や書籍を手に取るようにしています。

調べ学習の悪い例のような研究をしない

①むやみに検索しない

個人で研究を進める時に、とりあえず「ググる」人がいるかもしれません。しかし、いきなりブラウザで検索することは勧めません。子どもの調べ学習と同じで、悪手です。

ブラウザやブラウジングの語源は英語のbrowseで、「漫然と見る」という意味があります。語源の通り、**ネット検索は漫然と情報を集める手段**なので、先行研究を調べる方法としては効率的ではありません。検索結果の上位に来る実践が優れているとは限りません。

②人や学校の先入観をもたない

研究を進める時に、有名な実践家の本をファンのように買うことはやめましょう。授業でグループの話し合いをしている時に「Ａさんは勉強ができるから、Ａさんの意見をそのままグループの意見にしよう」と考える子どもがいたら、そうではないと諭すはずです。同じように、論文や書籍についても「誰の意見か」よりも「どのような意見か」を分析することが大切です。**研究を評価する時は、人ではなく理論の深みと実践の厚みで判断しましょう**。もし、本書を川端が書いたという理由で手に取っていただいた方がいたら、ぜひ批判的思考のスキルを発揮しながら読んでください。その方が役に立つと思います。

また、「大学附属や私立学校の実践は公立校の参考にならない」という意見が散見されます。しかし、子どもの基礎的な学力に差があっても、発想や背景にある理念は参考になります。目の前の子どもに合わせて調整し、「自分だからできる実践」を目指しましょう。

48 生徒指導

ON

ケーススタディをシミュレーションする

○他学年や他校の事例や過去の事例を参考にして、模擬訓練を行う

○最悪の事態を想定し、組織としての動きと個人の動きを考える

OFF

テクニックに走らない

×警察官の捜査のような感覚での生徒指導はしない

×心理学の理論やテクニックに頼りすぎない

×信頼関係の構築を軽視しない

ケーススタディをシミュレーションする

①対岸の火事にしない

生徒指導に関する力量を高めるためには、経験を積むことが最善です。そこで、他の学年や過去の事例を参考にして、**担任する学級で同じ事態が発生した場合の対処について模擬訓練をする**ことを勧めます。常に「自分ならどうするか」という視点をもちましょう。

また、生徒指導は組織的に動くことが重要です。例えばニュースなどで他の地域の生徒指導やいじめに関する報道を目にした時に「もし、この学年で起きたらどう対処しますか」と同僚に問いかけ、短時間でも対策を相談する習慣をつくるとよいでしょう。

②最悪のケースをシミュレートする

社会を揺るがすような事件や、いじめの重大事案が自校で起きた場合に「想定外」は許されません。最悪の事態を想定した事例研修を行い、対処の訓練を積みましょう。

例えば、いじめの重大事態に関しては、自治体の調査報告書がホームページで公表されています。報告書を読み進めると被害者の心情を推し量って、つらい気持ちになるかもしれません。しかし、いじめなどの重大な問題を予防しつつ、自校で発生するという不測の事態に備えて、研修を行うべきです。重大事態の発生時に、校内で適切に対処の方針を決定できる仕組みを確立しましょう。悲しい事例を教訓とし、研修を通して個人としてはもちろん、同僚と一緒に学び、組織を鍛えましょう。

テクニックに走らない

①警察的な指導はしない

荒れを経験した学校では、警察官のような生徒指導が見られることがあります。一部の学校では、生徒指導で「事情聴取」「証拠集め」など、警察のような語句を使うこともありますが、しかし、警察的な生徒指導は勧めません。その理由は、三点あります。

一点目に、警察と生徒指導では目的が違います。警察は「公共の安全と秩序を維持する」（警察法第一条）ことが目的ですが、生徒指導は「一人一人の児童生徒の人格を尊重し、個性の伸長を図りながら、社会的資質や行動力を高めること」（『生徒指導提要』）が目的です。**警察は公のために動き、学校は個のために生徒指導をします**。

二点目に、警察は加害者や被害者とは捜査や相談の間しかつながりはありませんが、学校では子どもが卒業するまで関係が続きます。三点目に、私たち教員には警察官のような法的な権限がありません。以上の点から、強引な生徒指導は成果より禍根を残します。

②心理テクニックに頼りすぎない

生徒指導をする際には、カウンセリング的な手法が求められることがあります。しかし、心理テクニックの導入には注意が必要です。私の若い頃の失敗を紹介します。問題行動を繰り返す子どもと一対一で教育相談をする時にカウンセリング的な技法が大切だと考え、子どものしぐさをミラーリングし、ペーシングを意識して相槌を打ち、「そうか、辛かったんだね」とバックトラッキングをしました。その結果、「先生の言い方って、なんか嘘くさいよね」という痛烈な言葉を返されたことがあります。**技法を意識しすぎて、子どもと寄り添い、子どもと同じものを見ようとしていませんでした。**

また、若い頃にアイメッセージを多用した結果、「先生の気持ちなんて興味ない」と言われたこともあります。生徒指導のテクニックばかりを集めて頭でっかちになると、子どもの心には届かない指導になってしまいます。テクニックだけに頼るべきではありません。

教材研究と同じく、子どもの実態から離れた生徒指導は失敗します。そして、生徒指導の失敗は取り返しのつかない事態を招きます。失敗は許されません。**目の前の子どもと伴走する経験を積み、泥臭さがある指導を大切にしましょう。**

49 校内研修

ON

ゴールイメージを共有する

◯ 一年後の子どもの姿を考えることで、ゴールイメージを共有する

◯ ゴールがイメージしづらい場合は「逆の問い」を使う

OFF

負担を増す研修を積極的に提案しない

× 全員公開授業などの余裕を奪うような取組はしない

× 全員指導案作成など、一律に負担が増えるような研修課題は出さない

ゴールイメージを共有する

校内研修担当としての仕事術を紹介します。若い先生は、今は関心が高くないかもしれません。しかし、本書を読む先生はいずれ研究部長になると期待して、ＯＮ／ＯＦＦのコツを紹介します。

さて、校内研修の実態として研修に消極的な先生や、関心はあっても負担感を抱く先生も多いことでしょう。**後ろ向きの雰囲気を変えるために最も意識したのは、ゴールイメージの共有です。**

例えば、昨年度は学校経営方針の「最高の学び」を実現するために、「主体的に学習に取り組む態度の育成」を研究テーマにしました。研修会では、先生方に「最低の学びとはどのような学びでしょうか」と問いました。下の画像は、その時の意見を集

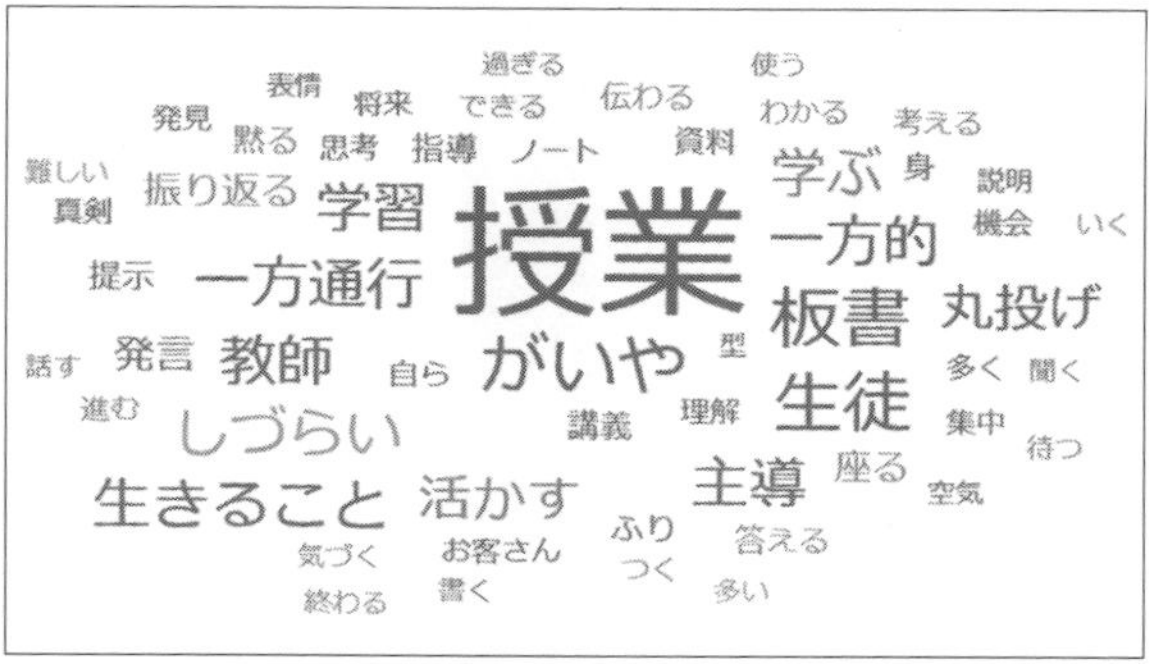

ユーザーローカル　テキストマイニングツール
（https://textmining.userlocal.jp/）による分析

約したものです。最高の学びより、最低の学びの方が意見を出しやすいと判断して試したところ、好評でした。これは「逆の問いをする」という授業の発問スキルを、校内研修でも活用した例です。研修では、続けて「一年後に、これらの姿とは逆の様子が教室でたくさん見られるように、少しずつできる工夫を続けましょう」と呼びかけました。以上のように、教員間でゴールイメージをすり合わせましょう。

負担を増す研修を積極的に提案しない

校内研修では「型」をそろえたくなったり、そろえなければと思ったりするかもしれません。それが研修担当者だけではなく、職員全体の負担を生みます。その気持ちを抑え、そろえるのはゴールのイメージだけに留めましょう。ゴールにたどり着く方法は、先生方に任せる方が上手くいきます。それぞれの先生方の発想力や経験値を生かすことができるからです。皆で同じように進むのは、「遠足型」の研修です。遠足型ではなく、**一つのゴールに向かって、皆が様々なルートを試す「フィールドワーク型」の研修を進めましょう**。

校内研修では、「一人一回は公開授業をしましょう」という提案をすることがあります。私も担当者として実施したことがありますが、あまり上手くはいきませんでした。全員の負担が増すだけだったからです。足し算よりは、引き算の発想が大切です。

負担を増やさない研修の一つの例として、中学校ではローテーション道徳があります。同じ学年内で年に二回、担任・副担任に関係なく、一人が一つの教材を担当し、学年の全クラスで週をずらして授業しました。担任の先生にとっては負担が軽減されます。一方、副担任の先生は一時的に授業時数が増えますが、一つの教材だけなので大きな負担にはなりませんでした。そして、一つの教材で何度も授業をするため、教材研究や指導技術の向上につながり、学校全体で道徳教育に取り組む雰囲気をつくることができました。授業アンケートの結果も上々でした。以上のように、負担を足すのではなく、負担を軽減しながら研究を進める方法を皆で模索することが大切です。

他の例としては、長期休業中に「先生の宿題」と称して年二回、指導案の作成や個人研究レポートが課されていたことがありましたが、年二回を一回に減らしました。そして、内容は「授業開きで子どもに提示する資料」など、いずれ作らなければいけない書類を前倒して作ることにしました。そうすると、時間に余裕があるため、例年通りの内容で終わらずに、研究テーマと関連付けて改善を図るようになりました。**余裕があると、研究は充実します**。引き算の発想で、無駄を削いだり、他の業務と重ねたりする方法が効果的です。

50 オンライン研修

ON

主体的に参加できる研修に申し込む

○ 時間と内容から値段をつける
○ 集中するために、着眼点を明確にする
○ 学んだことを発信したり還元したりする

OFF

受け身の姿勢での情報収集はしない

× SNSで紹介された実践を妄信しない
× オンラインの講座を聞くだけで終わらない

主体的に参加できる研修に申し込む

①選択の基準を明確にする

オンライン研修は、研修の参加のハードルを一気に下げました。特に私のように地方に住む人間にとっては、参加の選択肢が大きく広がりました。その一方で、インターネットによる情報の検索と同じ課題があります。それは、間口が広くなって情報量が増えた分、選ぶ側の力量が問われることです。そこで、次の二点を選択の基準にすることを勧めます。

- 有料やオフラインでも参加したくなる内容かどうか
- 参加する目的と学んだ内容を生かす方法が明確かどうか

一点目については、オンラインセミナーは良くも悪くも簡単に申し込めます。しかし、参加してから後悔しては時間の浪費になりますし、主催者にも失礼です。そのために「**もし対面型のセミナーでも参加したいと思うだろうか**」と自問しましょう。無料の場合は「**自分でセミナーに値段をつけるとしたらいくらか**」と考えてみると必要性がわかります。

二点目に、参加する目的を明確にしましょう。自分の問題意識と必要な情報を整理すると、参加する講座を厳選できます。また、内容に関わっては自分がどこに注目するかを事前に絞りましょう。授業で子どもが「見方・考え方」を働かせながら考察の視点を絞るように、研修内容を捉える視点を明確にします。そうすると、研修内容を深く理解できます。

以上の二点の基準は、講座を開設する側の問題ではなく、参加する私たちの意識の問題です。自分にとって必要感や関心があって、学校の実践に生かせるような研修に絞りましょう。つまり、**主体的に参加できる研修を見極める**ことが大切です。納得して選んだ研修に参加することで豊かな学びとなり、希望する仕事（want な仕事）の充実につながります。

②学んだことを外に見える形で表現する

オンライン研修でインプットしたことは、必ずアウトプットしましょう。講義型の一方通行の授業では子どもの学習効果が上がらないのと同じです。学んだことを自分の言葉でまとめたり、勤務校でアレンジして実践する方法を考えたりしましょう。

研修内容のアウトプットとして、感想をＳＮＳで発信する方法があります。発信に対する反応を通して仲間を見つけることができます。知り合った人たちと一緒に勉強会を立ち上げれば、オンライン研修を主催したりセミナーで発表したりすることにつながります。

受け身の姿勢での情報収集はしない

①SNS上の実践を妄信しない

SNS上の実践を見て研修をする方法がありますが、勧めません。匿名だと事実かどうかわかりませんし、実名でも都合の良い部分を切り取った可能性があるからです。そして、SNSの実践は個人情報保護のために子どもの姿が見えません。それが最大の欠点です。

他のインターネット上の情報と同じく、SNSでの発信を無批判に受け入れてはいけません。情報リテラシーを発揮して、情報を使いこなすようにしましょう。

②双方向性を意識する

オンライン研修の良さは、双方向性にあります。たとえウェビナーであっても、質問を書き込めます。しかし、耳だけで参加して何のメモも取らないようでは、入ってくる情報を有効に活用できません。視聴者の立場で、受け身の姿勢で参加しているからです。

オンラインでも対面でも、研修を通して何か一つでも自分の武器を増やそうとする貪欲さが大切です。対面のように場を共有できないからこそ、問題意識や意欲を共有すべきです。**情報を消費するだけではなく、情報を生かして自分の新たな実践を創造しましょう。**

あとがき

本書では教育技術を生かした仕事術という視点で、教員としての業務全般に関するONとOFFのポイントを述べてきました。仕事のやり方の前提として、仕事のあり方や教員としての生き方のヒントになるように心がけたつもりですが、いかがだったでしょうか。

まえがきで述べた通り、一つ一つの仕事術が「合う」か「合わないか」は、実践する先生や学校の状況によって変わります。また、「術」だけではなく「観」についても意識して書くようにしましたが、私の価値観を押し付ける意図はありません。読者の先生方が学校で働くことについて考える一つのきっかけになれば幸いです。

私は時折、「忙しいのによく本を書けるね。寝る暇もないでしょう」と言われることがあります。確かに、学校では仕事量の少ない立場ではありません。今は主幹教諭ですし、数年前には卒業担任・学年主任・教務主任・研究部長を兼ね、全道大会常連の部活動の主顧問をしていたことがあります。ちなみに、今は子どもの学校のPTA会長も務めています。業務外のことを含めて抱える仕事は多いかもしれませんが、特に残業や持ち帰り仕事が多いわけではなく、忙しさは感じていません。また、睡眠時間は平均して六時間以上を確保しています。多忙感をもたず、疲弊もせずに働くことができているのは、自分なりの仕事術を模索し、納得をしながら仕事をしているからだと思います。

また、仕事が重なる中でも論文を書いたり、学級通信をコンクールに応募したりし続けてきました。ここ数年は、それが書籍や雑誌原稿の執筆に変わりました。勤務時間外の趣味のような営みですが、教育に関する情報を発信するのは理由があります。それは「恩送り」です。かつて、周りの先生に助けてもらったことで今の私があります。その恩を忘れずに、私の知見を論文や本で発信することで、人の役に立ちたいと考えています。

実は、私が二十代の頃、生徒指導に関わって苦しい時期がありました。問題行動を繰り返してしまう子どもに対して適切な指導ができずに、学校の中に居場所をつくってあげられませんでした。一人で困難を乗り切るには、私はあまりにも未熟で力不足でした。また、特定の子どもの対応に追われた結果、学級の他の子どもたちを十分にサポートすることができませんでした。当時の子どもたちには、申し訳ない気持ちでいっぱいです。

その苦しい時期に力になってくれたのが、校内や所属するサークルの先輩方でした。生徒指導だけではなく、教科指導や学級経営について惜しみなく助言をしてくれました。自分の時間を犠牲にして、相談に乗ってくれました。おかげで、何とか乗り切ることができました。後日、一人の先輩に感謝の気持ちを伝えると「今度は、川端くんが困っている若い先生を助ける番だよ」と言ってくれました。経験を積み、研修を重ね、その成果を他の先生へ伝えることで、誰かの助けになれば良いという気持ちで発信を続けています。それが先輩への恩返しであり、次の世代への恩送りだと思っています。

読者の先生方の中には、これまでの教員人生で苦しかった時期を経験した方や、現在も苦しんでいる方がいるかもしれません。かつて先輩方の助言が私の力となったように、本書の内容がいつかどこかで、読者の先生の力になれば幸いです。

本書を執筆するにあたって、明治図書出版の大江文武さんには大変お世話になりました。明治図書での私の単著は七冊目です。すべてを大江さんに担当していただいていますが、これまでの学級経営や社会科とは異なり、今回は「仕事術」がテーマであったため、「私に書けるのだろうか」という不安がありました。しかし、執筆中に何度もメールなどでやりとりし、たくさんの助言や感想をいただいたおかげで、「本質を見失わないようにしながら、仕事の緩急のポイントを示す」という方向性を崩さずに、一冊の本にまとめることができました。企画の提案から発刊まで、本当にありがとうございました。また、校正の奥野仁美さんには丁寧に原稿をチェックをしていただき、感謝しています。

そして、本書の中では言及していませんが、私が仕事をしながら本を書くことができているのは、家族の支援のおかげです。夫や父親としての働きぶりは落第点だと自覚しています。温かく支えてくれる妻と二人の子どもに、心から感謝しています。

私は、先ほどの例を含めて、教員として大小数えきれないほどの失敗をしてきました。授業でも学級経営でも生徒指導でも部活動でも、「もっとこうすればよかった」という後悔がたくさんあります。しかし、後悔の気持ちを背負ったまま、踏ん張って教員を続けるしかないと腹をくくっています。そして、「次こそみんなが幸せになるような教育をする」という気持ちで研究を重ね、現場での経験を積むことで資質・能力を磨くようにしています。それが私の望む仕事のあり方です。本書の内容をきっかけに、多くの先生が自分の仕事のあり方と向き合い、ＯＮとＯＦＦの切り替えを使いこなし、それぞれの幸せにつながるような実践が増えることを願っています。

二〇二一年十一月

川端　裕介

【著者紹介】

川端　裕介（かわばた　ゆうすけ）
現在、北海道函館市立亀田中学校に主幹教諭として勤務。
1981年札幌市生まれ。北海道教育大学札幌校大学院教育学研究科修了（教育学修士）。函館市中学校社会科教育研究会研究部長。NIE アドバイザー。マイクロソフト認定教育イノベーター（MIEE）。
社会科教育では、平成24年度法教育懸賞論文にて公益社団法人商事法務研究会賞、第64回読売教育賞にて社会科教育部門最優秀賞、第29回東書教育賞にて奨励賞などの受賞歴がある。また、学級通信を学級経営に活用し、第13回「プリントコミュニケーションひろば」にて最優秀賞・理想教育財団賞、第49回「わたしの教育記録」にて入選などの受賞歴がある。
［著書］
『豊富な実例ですべてがわかる！中学校クラスが輝く365日の学級通信』（2018）
『単元を貫く学習課題でつくる！中学校地理の授業展開＆ワークシート』（2019）『同歴史』（2019）『同公民』（2020）
『豊富な実例ですべてがわかる！中学校生徒とつくる365日の教室環境』（2020）
『川端裕介の中学校社会科授業　見方・考え方を働かせる発問スキル50』（2021、いずれも明治図書出版）

教師の ON/OFF 仕事術

2021年12月初版第1刷刊　©著　者　川　端　裕　介
2023年1月初版第3刷刊　発行者　藤　原　光　政
発行所　明治図書出版株式会社
http://www.meijitosho.co.jp
（企画）大江文武（校正）奥野仁美
〒114-0023　東京都北区滝野川7-46-1
振替00160-5-151318　電話03（5907）6702
ご注文窓口　電話03（5907）6668
＊検印省略　組版所　株式会社アイデスク

本書の無断コピーは，著作権・出版権にふれます。ご注意ください。

Printed in Japan　ISBN978-4-18-300221-1

もれなくクーポンがもらえる！読者アンケートはこちらから
→